섬: 살이

섬: 살이

느리고 고유하게
바다의 시간을 살아가는 법

김준 지음

목차

part 2

섬 · 살림

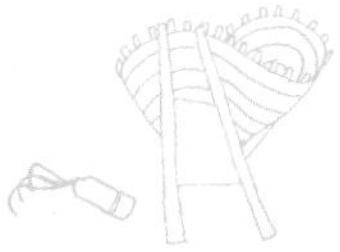

part 3

섬 · 일

part 4

섬 · 삼시세끼

part 5

섬 · 풍습

제게 오래된 미래의 지혜를 알려주신
이 땅의 어민들과 섬사람들,
그리고 이 책을 쓰는 동안 영면에 드신
아버님께 바칩니다.

사람이 사는 섬이 아름답다

섬을 즐겨 찾는 사람은 등산객이거나 낚시꾼이다. 둘 다 섬사람들에게는 환영받지 못한다. 섬에 쓰레기만 남기고, 산에서는 귀한 약초와 나물을, 갯가에서는 해조류나 패류를 채취해간다는 의혹을 받기 때문이다. 아니 땐 굴뚝에 연기 날 리 없지만 그 책임을 개인에게 지우고 말아서는 안 될 것이다. 우리가 그동안 섬사람들의 삶에는 관심도 없고, 알려고도 하지 않고, 휴양과 힐링의 장소로만 여겨온 결과이니 말이다. 그런 고민에서 이 책이 출발했다.

나는 1990년대 초반부터 섬을 돌아다니면서 육지의 사고로는 이해하기 어려운 섬살이의 모습들에 놀란 적이 많다. 그 속사정을 하나둘 묻고 듣고 기록해가면서 다름과 차이가 얼마나 소중한가 알았다. 바다 위 외따로운 공간에서 살아가는 섬사람들에게는 과학과 효율의 잣대로는 재단할 수 없는 경험과 철학과 공존의 가치가 마치 몸의 일부처럼 녹아 있다. 오랜 섬 연구의 족적을 뒤돌아보며 수많은 사진과 취재 기록들 속에서 잘 잊히지 않는 얼굴들, 이야기들 그리고 독자들에게 꼭 알리고 싶은 섬살이의 문화적 서사들을 골라서 글을 엮었다. 섬의 자연풍경이 아닌 사람과 삶이 녹아든 장면들, 즉 '살림' 이야기에 중점을 둔 글쓰기였다. 섬살이의 다양한 면면을 가능하면 인간적으로, 진솔하게 그려내고자 노력했다. 감히 이 정도면 도시에 사는 사람들에게 '섬살이'의 참 의미와 현실을 어느 정도는 알릴 수 있는 책이 되기를 바랐다.

삼면이 바다로 둘러싸인 우리나라에는 사람이 사는 섬만 400여 개나 된다. 섬마다 지형과 주어진 바다, 자연환경, 심지어 햇볕과 바람마저 다르다. 그러니 그곳에 적응해 살아가는 사람들의 삶도 다를 수밖에 없다. 어디 그뿐인가. 섬마다 사람들의 얼굴도, 차림새도 다르다. 혹자는 이 섬이나 저 섬이나 거기서 거기라고 할지 모르지만 자세히 들여다보면 제각각 고유한 부분들이 있다. 이방인의 시선, 여행자의 짧은 방문으로는 그 고유함을 발견하기 어렵다. 잘 알지 못하기 때문에 자신도 모르게 무례한 침입자가 되는 것이다.

그 많은 섬들과 그곳에 뿌리 내린 사람들의 고유한 삶이 잘 지켜져서 후손들에게도 대대로 이어지기를 바란다. 그런데 그 일은 주민들의 의지만으로는 어렵다. 육지식 사고의 오만함이 섬의 존립 자체를 위협하기도 하고, 섬마다의 고유한 문화를 훼손하는 경우를 많이 보았다. 그러니 도시나 다른 육지에 사는 사람들이 섬의 문화와 가치를 공유하는 것으로 보이지 않는 '섬 지킴이'의 역할을 함께 해주시면 어떨까 싶었다. 섬의 존재와 문화를 이해하는 사람들이 늘어나면 그 고유함도 더 잘 지켜질 수 있으리라 믿는다. 그리고 덧붙여, '너는 섬놈으로 살지 말라'며 자식들 등 떠밀어 내보내고 외로이 살아오신 어르신들께도 그들이 걸어온 삶의 의미를 되새겨드리고 싶었다.

요즘 제주 이민이 유행이다. 제주만이 아니라 섬으로 귀어 또는 귀촌하는 사람들도 늘고 있다. 가까운 나라, 일본에서는 젊은이들이 새로운 삶의 대안지이자 실험 장소로 섬을 주목하고 있다. 이유가 뭘까? 육지와 다르게 다양한 시공간이 공존하는 섬에서 경쟁과 목표, 판에 박힌 시간표를 버린 참살이의 가능성을 모색하고자 함이 아닐까? 사실 섬살이의 속살은 인류가 추구하는 '오래된 미래'의 원형에 가까운 모습을 간직하고 있는지도 모르겠다. 천천히, 자세히, 오래 들여다보면 사람 사는 섬이 얼마나 아름다운지를 느낄 수 있다. 느리게, 고유하게, 내 힘으로, 자연과 공존하며, 나누고 살 수 있는 멋진 섬이 우리나라에도 많다. 그 아름다운 섬살이를 당신과 공유하고 싶다.

part 1

섬 · 사람

예순도 청년 축에 드는 섬마을은 노인의 나라다.
바다의 시간에 오랫동안 제 몸을 맞춰 살아온 어르신들은
사고로 정신을 다 잃고도 숭어 잡는 법을 기억하고,
굴 한 바구니는 눈 감고도 채울 수 있을 만큼 생활의 달인이다.
주어진 환경에서 일한 만큼 보수가 나오고 평생 퇴직 걱정이 없는 섬에서,
이들이 이겨내야 하는 것은 그저 외로움이다.
사람이 그리워서가 아니다.
육지 중심의 사고로 섬살이를 소외시키는
외부인의 시선과 태도를 느낄 때,
섬사람들은 가장 외롭다.

빨래

섬집 마당에 젖은 빨래가 걸려 있다. 사람이 살고 있다는 증거다. 그래서 반갑고 더 기웃거리고 싶어진다. 빨래를 보면 성별은 물론 가족 수와 나이까지 가늠할 수 있다. 주말에 빨래가 많은 집에서는 자식들의 효심을 읽을 수 있다. 양말 한 켤레에 속옷 한 벌이 널려 있는 집은 외롭고 쓸쓸해 보인다.

섬집 빨랫줄에는 생선이 널리기도 한다.
밤이 되면 빨래는 걷히지만
생선은 몇 날 며칠을 대롱대롱 매달려 있다.
빨랫줄을 보면 그 집 밥상까지도 엿볼 수 있다.

마을회관으로 가는 길

섬마을에서 아이 울음소리 멈춘 지 오래다. 어쩌다 아이가 섬에 들면 주민들은 좋은 구경거리라도 생긴 양 모두 마을회관에 모여든다. 그러면 그 아이는 누구네 아이가 아니라 섬집 아이가 된다.

섬에서 어딜 가나 쉽게 만날 수 있는 사람은 노인이다. 노령화된 섬마을에서 쉰은 청소년이고 예순은 청년 축에 든다. 칠순은 넘겨야 장년 대접을 받는다. 어르신이 집에 계시지 않으면 마을회관에 가서 찾으면 된다. 섬에 있는 마을회관은 목욕탕처럼 남자노인당과 여자노인당이 따로 있다. 별일이 없으면 이곳에 모여 함께 점심을 먹는다. 밥을 챙겨야 할 할아버지가 없는 할머니들은 저녁까지 노인당에서 해결한다.

소리

옛날 마을에서는 목소리가 제일 큰 사람을 소리꾼으로 임명했다.
그의 임무는 마을 일을 주민들에게 알리는 것이다.
지금처럼 방송 시설이 없던 시절에 마을이 잘 내려다보이는 언덕에 올라서
"오늘 마을에 울력 있어요."
"마을 회의합니다."
"누구네 아들 낳아요."
"누구네 아버님이 돌아가셨어요." 하는 소식을 소리쳐 알렸다.
이를 '외소리'라 한다.
나중에는 종이나 징을 달아놓고 두드리다가 방송 시설이 생기면서
소리꾼은 아예 사라지고 종이나 징도 장식으로나 남았다.

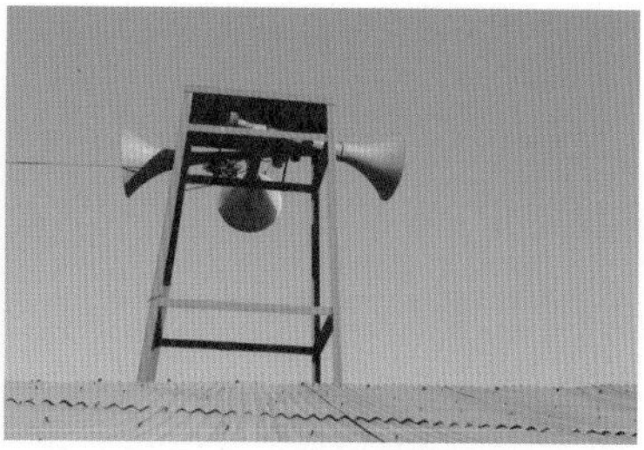

남의 나이

"할머니 올해 몇 세나 되셨어요?"
"놈의 나이 두 살이여."

조물주가 소를 만들어 60년 살도록 했다. 다만 사람을 위해 평생 일해야 한다고 했다. 소가 너무 길다며 30년만 살겠다고 했다. 조물주가 개를 만들어 30년을 살도록 했다. 다만 사람을 위해 평생 집을 지켜야 한다고 했다. 개가 너무 길다며 15년만 살겠다고 했다. 조물주가 원숭이를 만들어 30년을 살도록 했다. 다만 사람을 위해 평생 재롱을 부려야 한다고 했다. 원숭이는 너무 길다며 15년만 살겠다고 했다.

마지막으로 인간을 만들어 25년을 살도록 했다. 다만 생각할 수 있는 머리를 주었다. 인간은 소가 버린 30년, 개가 버린 15년, 원숭이가 버린 15년을 모두 달라고 했다. 조물주는 인간이 원하는 대로 해주었다. 그 후 인간은 25년은 그냥 살고, 30년은 직장에서 일만 하고, 15년은 퇴직해 집만 지키고, 15년은 손자 앞에서 재롱을 떨다 죽는다.

외딴 섬에서 만난 노인에게 나이를 묻자 "놈의 나이 두 살이여."라고 했다. 여든 두 살을 두고 하는 말이다. '놈의 나이'는 남의 나이를 말한다. 울컥했다. 할머니 명은 다 살았으니 이제 남의 나이를 사는 거란다. 할머니는 날이 좋으면 매일 뒷산에서 약초를 캐어다 가마솥에 끓인다. 아들네 집에 갈 때 며느리에게 주는 약물이다. 남의 나이 두 살을 더 먹은 할머니는 아직도 살날이 창창한 아들의 건강을 생각한다. 섬 노인은 일도 하고 집도 지킨다.

내 자리가
네 자리다

하루 딱 한 번 오는 배가 떠났다. 이제 더 이상 찾아올 이도 없건만 노인은 선창에 앉아 햇볕에 반짝이는 바다를 바라보고 있다. 객선에서 내린 주민들은 이미 골목으로 종종거리며 사라졌고, 컹컹 짖어대던 개들도 지쳤는지 주저앉았다. 골목을 따라 마을을 한 바퀴 돌아보고 나왔을 때도 노인은 그 자리에 장승처럼 앉아 있었다. 잠시 후 작은 배가 앞으로 다가오자 노인의 얼굴이 환하게 밝아졌다.

노인은 물을 보고◆ 돌아오는 아들을 기다리고 있었던 것이다. 아들은 어창에서 팔딱거리는 숭어를 꺼내 그물에 담았다. 노인도 젊어서는 중선배◆를 타고 조기를 잡기 위해 칠산바다◆를 오르내리던 시절이 있었다. 그러니 그가 기다리던 사람은 과거의 자신이다. 만선한 배의 이물◆에 오색 깃발을 꽂고 풍장을 치며 선창으로 들어오던 자신이다.

섬 노인의 기억과 경험은 예사롭지 않다. 박물관을 가득 채우고도 남을 만큼 풍성하다. 별과 달을 보고 며칠 날씨는 귀신같이 맞췄다. 바다 색깔만 보고 조기가 오는 길을 알았다. 어디 그뿐인가. 배를 짓는 일을 제외하면 고기잡이에 필요한 것은 무엇이건 스스로 만들어 썼다. 그런 이야기를 하면 요즘 젊은이들은 고리타분하다고 돌아앉는다. 하지만 뿌리 없는 나무가 어디 있던가. 그때의 기억과 경험이 오늘을 만들고, 오늘이 또 내일을 만들지 않던가.

너도 나이 먹어봐라.
머지않았다.
내가 앉은 자리가 네 자리다.

◆
물을 보다: 바다에 미리 넣어놓은 그물을 털어 물고기 등을 잡아오는 것을 말한다.
중선배: 옛날 조기잡이 배를 말하며, 노를 젓거나 돛을 달아 바람에 의지해 이동했다.
칠산바다: 전남 신안군 임자도에서 위도에 이르는 바다를 이른다. 봄철이면 조기가 회유해 산란하던 곳으로 1960년대까지 큰 파시(바다 위에서 열리는 어시장)가 형성되었다. 팔도 어부들의 무용담이 서려 있는 바다다.
이물: 뱃머리.

삶을 진다

섬과 바닷가 마을에서는 등짐을 지는 것이 남성의 일만은 아니다. 특히나 제주에서는 여자들이 물건을 머리에 이지 않고 등에 지고 다니는 모습을 흔히 볼 수 있다. 부서진 화산 돌이 뒹구는 길, 곳곳에 검은 돌이 창끝처럼 솟아난 길을 요리조리 피하며 걸어야 하는 제주 여인들에게 머리에 짐을 올리고 나긋나긋 걷는 것은 위험천만한 일이다.

제주만이 아니라 미끄덩거리고 발이 푹푹 빠지는 전라도 뻘밭에서도 여자고 남자고 구덕을 진다. 그뿐인가. 봄철에 고사리, 두릅을 따기 위해 산으로 가는 길에도 등에 망태를 지는 것이 바구니를 드는 것보다 훨씬 편하고 활동적이다.

그러나 당신은 아는가.

등에 무언가 진다는 것은
순탄치 않은 삶을 지는 것이다.

민박

바다가 부른다

여든을 훌쩍 넘긴 어머니의 걸음걸음이 조심스럽다. 젊을 때는 밭일을 하다가도 물이 빠지면 조새만 들고 한 걸음에 굴밭◆까지 달렸다. 남들이 바구니를 반쯤 채울 때 한 그릇은 놀면서 채웠다. 이제는 늙어 다른 사람을 모두 앞세워야 한다. 그릇의 반을 채우기도 힘들다. 그래도 물때가 되면 거르지 않고 갯밭◆에 나간다.

출석률로는 개근상감이다. 젊은 사람들은 춥다고 쉬고, 바람이 분다고 쉰다. 하지만 노인은 쉴 수 없다. 갯벌에 나가지 말라는 자식들의 전화가 빗발치지만 그들이 알까, 물이 빠지면 엄마도 모르게 몸이 먼저 움직인다는 것을. 바다의 시간에 길들여진 덕에 평생 자식들 학교 보내고, 시집장가도 보내고, 이렇게 늙어서까지 스스로 용돈벌이를 한다는 것을.

어머니는 오늘도 갯바람이라도 맞아야 숨을 쉴 것 같아서 옷을 여러 겹 껴입고 길을 나섰다. 옷을 너무 많이 껴입어서 움직임이 둔하다. 몇 걸음 걷다가 굴 담을 그릇을 의자 삼아 갯골에 앉는다. 바지런한 손은 앉은 자리에서도 쉬지 않고 굴을 깐다. 그러나 조금 적게 까면 어떤가. 어차피 갯바람이 그리워 나온 것을.

할머니의 몸에는 피가 아니라
바다가 흐른다.

◆
굴밭은 굴이 자라는 바닷가나 갯벌의 마을어장을 말한다.
어민들은 바다를 농사 짓는 논과 밭처럼 생각한다.
갯밭으로는 굴밭, 미역밭, 바지락밭 등이 있다.

갯벌과 어머니

조새로 굴을 까던 어머니가 "총각 결혼했어?"라고 물었다. 총각이라는 말을 하지 말던지, 결혼했냐고 묻지를 말던지. "중매하려고요?"라고 되묻자 "우리 동네로 장가 와." "밭일 잘해, 갯일 잘해, 집안일 잘해……" "밤일은 더 잘해!" 하면서 어머니들이 농을 치며 호탕하게 웃는다. 지금이야 사오십대도 장가를 못가 외국에서 여자를 사와야 하는 상황이지만 20년 전에는 괜찮았다.

"그럼 남자는 뭘 해요?"라고 묻자 "남자는 큰일만 하지."라고 답한다. 큰일이 뭐냐고 다시 묻자 어머니는 주저 없이 쟁기질과 하우스라고 답한다. 섬에서도 여전히 논농사는 중요하고 남자가 하는 일이다. 밭일, 집안일은 허드렛일이고 여자가 하는 일이다. 하물며 갯벌이 발달한 서해에서는 바지락 캐는 일, 굴 까는 일, 갯지렁이 잡는 일, 백합 캐는 일, 심지어 낙지 잡는 일까지 대부분 여자들이 해왔다.

옛날에는 갯일이 돈이 되지 않았다. 낙지를 한 대야 잡아서 오일장에 가져가면 쌀 한 말을 받아오기 힘들었다. 이제 큰 낙지 한 마리면 만 원이 넘어간다. 어디 그뿐인가. 굴, 바지락 등 갯밭에서 나는 것들이 농사지은 것보다 훨씬 낫다. 경로잔치, 단풍놀이, 마을 경비도 어머니들의 조새질로 마련한다. 그래서 새만금 건설처럼 갯벌을 훼손하는 일을 막는 것도, 마지막까지 남아서 주먹을 불끈 쥐고 높이 들어 올리는 것도 다 어머니들 몫이었다.

아버지는 섬이다

박 씨를 만나려 갯바위를 붙잡고 섬에 오르자 송아지가 반겼다. 1960년대 초반만 해도 횡도◆에 80여 명이 살고 학교도 있었다고 하지만, 내가 처음 찾아간 2003년에는 주민이라고는 박병남 씨 혼자뿐이었다.

횡도는 한때 조기파시로 유명했던 칠산어장의 한가운데에 있다. 주민들은 일찍부터 조기를 잡아 생활했고 박 씨도 할아버지와 아버지를 따라 중선배로 잡은 조기를 법성포로 실어 나르며 장사를 배웠다. 조기어장이 시들해지면서 사람들이 하나둘 뭍이나 더 큰 섬(안마도)으로 떠나갔고, 아이들이 없으니 학교도 문을 닫았다. 아내마저 몸이 아파 병원이 가까운 법성포로 나가 살다가 가끔 텃밭을 일구거나 수확을 위해 섬에 들어왔다. 그러니 오롯이 그 섬을 지킨 이는 박 씨 혼자다. 그마저도 어장이 끝나면 뭍에 나가 생활하다가 소, 닭, 염소를 거두기 위해 며칠에 한 번씩 들어오곤 했다.

그로부터 10년 만인 2013년에 안마도에 갔다가 박 씨의 안부를 물었다. 섬을 지키던 박 씨는 수 년 전에 섬이 되었고, 이제 그의 아들이 아버지가 되어 섬을 오가며 소를 키운다고 했다. 사진 속의 아버지는 2003년에 만났던 박 씨다. 그의 아들도 가끔 아버지처럼 저 자리에 홀로 앉아 바다를 바라보고 있을까?

◆
전남 영광군 낙월면 안마도에 딸린 섬.

기다림

할머니는 햇볕이 잘 드는 마루에 앉아 대문 밖을 쳐다보고 계셨다.
누군가를 기다리는 눈치였다.
대문이 없는 돌담을 지나 마당으로 들어서는데, 이상했다.
할머니가 전혀 낌새를 못 채셨다. 더 가까이 다가갔다.

"왔어?"

나지막한 목소리. 그제야 인기척을 느끼고는 경계의 몸짓을 보이셨다.
대문도 없는 집 마당에 들어선 이가 기다리던 사람이 아니라는 것을
채취를 맡고서 알았을 것이다.
일주일에 몇 번 도움을 주는 분이 오시는데 오늘이 그날이었다.
앞을 보지 못하는 할머니가 어떻게 마늘을 심고 살림을 하며
이 집에 혼자 사셨을까.
할머니 앞에 앉아 이런저런 이야기를 나누다가
손에 지폐 한 장을 꼭 쥐어드리고는 돌아 나왔다.

그 뒤로 섬에 갈 때마다 할머니 집에 들러 인기척을 확인하곤 했다.
그러던 어느 날,
할머니 집이 온데간데없고,
새하얀 조립식 집이 지어졌고,
마늘밭도 말끔히 사라졌다.
틀림없이 할머니에게 변고가 생겼다.

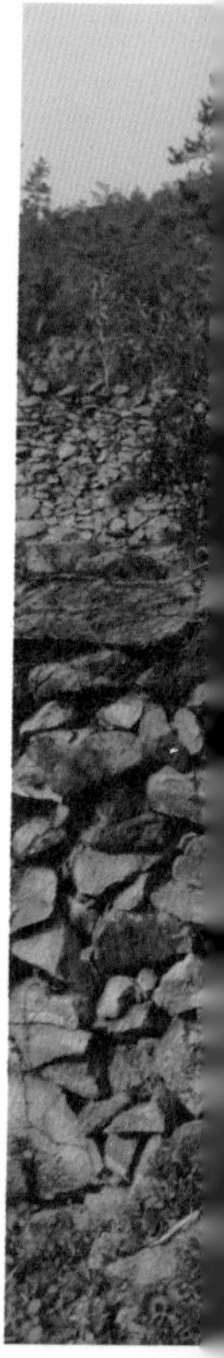

해녀

오뚝 솟은 산방산 뒤로 한라산이 누웠다. 그 앞에서 모슬포가 손짓을 한다. 작은 섬 가파도에서 고 씨 할머니가 신발을 벗어놓고 바당* 에 들어 물질을 한다. 잠수들은 '저승에서 벌어 이승에 썸수다.'라고 한다. 물속으로 잠수해서 죽고, 밖으로 나와 숨비소리에 산다. 신발을 벗으면 저승이요, 신으면 이승이다.

미역 한 줌을 종개낫* 으로 베어 검은 바위 위에 올려놓는다. 뭍(제주도 본섬)으로 나간 자식들의 학비와 뒷바라지를 오롯이 이곳에서 가사리와 미역과 톳을 뜯어 해결했다. 보릿고개에도 바당에서 톳을 뜯어 보리쌀에 섞어 먹고(톨밥), 깅이*를 잡아 죽(깅이죽)을 끓여 끼니를 연명했다. 아이들은 모두 섬을 떠나 뭍에 머무르지만 백발이 성성한 해녀는 오늘도 신발을 벗고 바당에 든다.

해녀는 몸에 아무런 장치도 없이 맨 몸으로 바다에 잠수해 전복, 소라, 미역, 우뭇가사리 등의 해산물을 직업적으로 채취하는 여성을 말한다. 제주에서는 잠수나 잠녀라고 하며, 전복을 따는 사람을 낮잡아 '비바리'라고도 했다. 법률용어 잠수(潛水)도 제주말 '좀수'에서 유래했다. 바당에서 일하는 사람이 여자만은 아니었다. 옛날에는 제주에서 전복을 따는 남자를 '포작, 포작인, 포작간◆'이라 했다.

해녀가 제주에만 있는 것은 아니다. 전남의 여수 거문도, 초도, 소리도, 완도의 청산도, 여서도, 신안의 가거도, 만재도, 태도, 홍도, 흑산도, 경남의 통영 욕지도, 매물도, 추도, 비진도, 거제도, 부산의 영도, 경북의 울릉도, 감포, 충남의 외연도, 호도, 신진도, 모항 등에도 해녀가 있다. 숫자는 많이 줄었지만 서, 남, 동해안 여러 지역에서 여전히 물질을 하고 있다. 제주가 아닌 지역의 해녀들을 '지방 해녀'라 부르는데, 그 뿌리를 찾아가보면 제주 해녀들이 뭍으로 물질을 나왔다가 뭍이나 다른 섬 남자를 만나 결혼한 경우가 많다. 그 딸이 어머니 대를 이어 잠수가 되기도 한다.

◆

바당: 해녀들이 물질을 하는 바다.

종개낫: 해녀들이 미역을 벨 때 사용하는 낫.

깅이: 게의 제주 말.

간: 한, 척과 함께 신량역천(身良役賤)을 뜻한다. 양민이지만 하는 일은 천하다는 뜻이다.

어민 부부

부부는 한 배를 탄다. 노를 젓고 통발과 그물을 건지려면 둘이서도 버겁다. 그렇다고 일할 사람을 구할 수도 없다. 인건비를 지불할 만큼 물고기가 많이 잡히지도 않거니와 사람을 구하려 해도 배를 타려는 이가 없다. 부부 중에 한 사람이 먼저 간다면 뱃일을 그만두어야 할 판이다.

사실 어장 배에 여자를 태우는 것은 오랜 금기였다. 외국에서는 배 이름을 여성이 짓고 새로 지은 배의 진수식에서 여성이 커팅을 하고 샴페인을 터뜨리지만 우리나라는 안 그랬다. 배가 여성성을 띠기 때문에 배서낭◆이 질투하면 사고 위험이 있다고들 경계했다. 그래서 아버지 세대에는 부부가 배를 같이 타는 것은 물론이고 아내가 선착장에 나와 배웅하는 것도 금기시했다. 하지만 이제는 부부 함께가 아니면 어장 일을 유지하기 어렵다.

섬에서는 부부가 오래 같이 살아야 한다.

앞서거니 뒤서거니
끌어주고 밀어주며
함께 펼치는 삶.

부부는
웃음도 얼굴도
닮는다.

◆
배 안에 모시는 서낭신으로, 배 사고를 막고 선원의 생명을 지키며 풍어를 가져다준다고 여겨진다. 신체는 한지를 접어 모시거나 명주실을 감은 한지로 모신다. 오색실, 화장품, 거울을 놓기도 한다.

외국인 어부

이제 뭍에서만이 아니라 섬에서도 외국인 노동자를 만나는 일이 흔해졌다. 진도의 작은 섬 김 양식장에서, 신안의 어느 염전에서, 남해의 멸치 잡는 배 위에서, 그뿐 아니라 꽃게 잡는 배, 조기 잡는 배, 갈치 잡는 배 등 바다와 섬 어디에서도 외국인이 낯설지 않다. 멸치를 잡는 남해 앵강만 바닷가에서 외국인 어부 네 명을 만났다. 인도네시아인 세 명, 동티모르인 한 명이었다. 젊은 선주 강 씨는 "앞으로 저들 아니면 멸치잡이도 할 수 없습니다."라고 했다. 그는 할아버지, 아버지에 이어 삼대째 이 바다에서 멸치잡이를 하고 있다.

강 씨의 할아버지는 물론이고 아버지도 마을 주민들과 함께 멸치를 잡았다. 배고픈 시절이라 서로 일을 달라고 했다. 지금은 멸치도 옛날처럼 많이 잡히지 않지만 잡은 멸치도 사람이 없어 그물을 털지 못할 실정이다. 인도네시아에서 온 고참 청년은 기술을 완전히 익혀 숙련노동자가 되었다. 강 씨가 없어도 다른 동료들과 일을 척척 해낼 정도다. 그는 여기서 번 돈을 허투루 쓰지 않고 모아서 고향에 부모님 집을 새로 지어드렸다고 한다. 이제 더 모아서 자동차를 사는 것이 꿈이다.

바다 맛

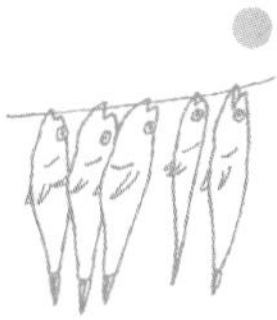

그 맛은　　　낮에 마르고 밤에 깊어간다.

어부의 아침

바다가 잠든 어둠을 뚫고 산 너머에서 해가 떠오른다.
어부는 바다가 깨어나기 전에 일어나서 바다로 간다.
그의 아버지가 그랬던 것처럼.
무슨 일이 있어서가 아니다.
농부가 매일 삽을 어깨에 메고 논틀밭틀길을 걷듯이,
어부는 작은 배를 타고 하릴없이 바다를 오간다.
그런 한결 같은 보살핌 속에서 미역과 톳이 자란다.

희망

그물을 터는 일은
희망을 건지는 일이다.
구덕에 담는 것은
농어도 숭어도 망둑어도 아니다.
희망이다.

기억

건강에 자신이 있던 김 씨가 어느 날 갑자기 쓰러져서 급히 병원으로 옮겼다. 목숨은 건졌지만 몸의 반쪽이 온전치 않고 말도 기억도 어눌해졌다. 아내는 "그만하기를 얼마나 다행인가."라며 아이들과 남편을 위로했다. 김 씨는 자식 이름을 잊었지만 아내와 집은 기억했다. 그리고 하나 더 기억하는 것이 있다. 숭어 잡는 법이다.

"여보, 줄 나갔어?"

물때가 다가오면 김 씨가 아내에게 묻는 말이다. 처음에는 그 말이 무슨 뜻인지 몰랐는데, 물이 빠져 앞바다에 쳐놓은 자망◆에서 숭어를 떼러 갈 때가 되었냐고 묻는 것이었다. 평생 제 몸을 맞춰 살아온 물때마저 잊은 남편이 어떻게 숭어 잡는 법은 기억하고 있을까? 참으로 신기했다.

자망에 걸린 물고기를 건져오는 일은 단순하지만 거동이 불편한 김 씨에게는 그조차도 기적이다. 그래서 아내는 남편이 바다로 나갈 때면 조심조심 그릇을 챙겨 그 뒤를 따른다. 혹시 다른 사람이 도와준다고 먼저 숭어를 가져오는 날이면 남편의 심기가 몹시 불편하다는 것을 잘 알기에, 아내는 남편을 저만치 앞세우고 감사한 마음으로 천천히 갯벌을 걷는다.

◆
숭어, 광어 등 바닷물고기나 꽃게, 민꽃게 등이 다니는 길목에 설치해 그물코에 끼도록 해서 수산물을 포획하는 걸그물.

고구마밭

아들도 딸도 도시로 나갔다. 어머니가 나가라고 등을 떠밀었다. 자식들이 '섬놈'으로 살기를 원치 않았다. 무지렁이처럼 땅 파고 갯벌 파서 살지 말고 책상에 앉아서 일하라고 내보냈다.

그 섬에 어머니 혼자 남았다. 시부모님과 아이들까지, 한때 삼대가 모여 북적대던 집을 헐어 밭을 일구었다. 거기에 고구마를 심었다. 아이들에게 고구마라도 배불리 먹였으면 하고 바라던 시절이 있었다. 보리가 떨어지면 고구마가 식량이고, 고구마가 떨어지면 갯가에서 톳을 뜯어 끼니를 이었다.

어머니는 옛집을 헐어서 만든 이 고구마밭이 좋다고 했다. 고구마를 심기 위해 호미질을 할 때마다 옛집 마당에서 아이들 재잘대던 소리 들리고, 밥 달라는 소리 들리고, 싸움박질 하며 우는 소리도 들린다는 것이다.

느린 하루

해가 오르자 어머니는 그제야 굽은 허리를 세워 집으로 향한다.
발일을 마쳤으니 이제 물때◆에 맞춰 갯벌로 향할 것이다.

◆
조석의 차가 큰 바다에서 바닷물이 들 때와 빠질 때를 말한다.
조석현상은 월력에 의해 발생하며 그 차이가 클 때를 '사리', 적을 때를 '조금'이라 한다.

물때

바닷물이 빠지면 뱃길은 사라지고 경운기 길이 열린다. 갯밭에서 백합과 바지락을 캐거나 굴을 까는 어민들의 출근길이다. 해가 뜨면 일터로 나가고 해가 지면 들어오는 육지의 출퇴근과 달리, 갯사람들의 출퇴근은 밀물과 썰물에 따라 매일매일 바뀐다. 알람도 모닝콜도 없지만 몸에 밴 자연의 시간표에 따라 약속이라도 한 듯이 일사분란하게 움직인다. 눈이 오나 비가 오나 여름이나 겨울이나 평생을 그렇게 살아왔다. 달력을 보고 물때를 확인할 필요도 없다. 지구의 생태주기에 맞춰 살아온 몸 자체가 시간표다. 어민들은 이를 '물때'라고 부른다.

갯벌의 힘

할머니들이 아직도 걸을 수 있는 것은 바구니에 채워야 할 굴이 있기 때문이다. 팔순 할머니가 겨울에도 기어이 조새를 쥐고 갯벌로 걸어가는 것은 거기에 굴밭이 있기 때문이다. 아들도 딸도 모두 제 살 길 찾아 섬을 떠났고 어머니마저 도시로 모셔가려고 애를 쓰지만, 한사코 뿌리치고 고향을 지키는 것은 그냥 갯벌이 거기에 있기 때문이다.

갯일은 명예퇴직도 정년퇴직도 없다. 칠순 팔순을 넘긴 노인들도 두 발로 걷고 호미질 할 힘만 있다면 스스로 생계를 해결하고 귀여운 손자들 손에 용돈을 쥐어줄 수 있다. 세상에 이보다 행복한 일터가 있을까. 그러나 단 한 가지 조건은 있다. 갯벌과 갯바위에 바지락, 쏙, 굴, 미역들이 어제처럼 잘 자라줘야 한다.

갯벌은 여성이다.
어머니가 지킨다.

삶의 무게

삶을 저울질한다.

물질하는 해녀는 그날 잡은 전복, 성게, 홍합, 해삼을 저울에 올린다. 물 빠진 갯바위에서 굴을 까는 어머니는 손톱보다 작은 석화를 한 알 한 알 바구니에 채워 무게를 단다. 바지락을 캐는 할머니는 마을에서 나누어준 자루도 다 채우지 못하고 저울에 올린다. 미역밭에서는 마을 주민들이 함께 일하고 저울에 달아 똑같이 나눈다.

이보다 더 정직하고,
이보다 더 깨끗하고,
이보다 더 공평한 저울이 있을까?

섬사람들은 그렇게
매일 매일의 삶을 저울질하며 산다.

설움

조새로 갯바위에 붙은 굴을 까다가 잘못해서 손가락을 찍었다. 바위에 피가 뚝뚝 떨어지고 손가락이 잘려 나가는 것처럼 아팠지만 병원에 갈 생각을 못했다. 끝내 앓던 손가락을 잃고 말았지만 그래도 서럽지는 않았다. 정말 서러운 것은 먹고 싶을 때 먹을 수 없는 것이다. 자식들이 먹고 싶다고 할 때 먹이려고 악착같이 일을 했다. 손을 내밀지 못하고 머뭇거리는 사이에 상처도 아물고 네 손가락으로 사는 일에도 익숙해졌다. 그 대신 곱던 손등에 주름만 잔뜩 늘었다.

떠나는 사람

고구마, 참깨, 멸치, 장어, 농어, 다시마, 고추, 마늘, 고사리……. 말리고 빻고 볶은 것들을 상자에 담으니 선창까지 옮기는 것이 걱정이었다. 손수레로 두 차례나 옮겨 놓고 배낭을 지고 지팡이로 굽은 허리를 펴니, 배가 온다. 도시에서 몇 푼 주고 사먹으면 그만인 것들이지만, 어머니는 자식들을 위해 일 년 내내 수백 번 허리를 굽혀 땅에 인사해가며 자연의 선물을 거둬들였다.

금요일 오후 보건소장은 붉은 여행가방을 들고 뭍으로 가는 여객선을 기다리고 있다. 그 옆에 고장 난 경운기가 수리를 위해 뭍에 갈 채비를 마쳤다. 농사철이라 주인은 함께 가지 못하고 경운기만 배에 실어 보낸다. 수리센터 주인이 여객선터미널로 나와서 가져가 고친 후에 다시 배에 실어 보내줄 예정이다. 직접 가져가는 것보다 비용은 더 들어도 이게 최선이다. 그보다는 주말에 사람이라도 아프면 그게 더 걱정이다. 보건소장도 없는데 배편이 끊기면 사선을 타고 뭍으로 나가거나, 급한 일이면 응급 헬기를 불러야 한다. 주말에 더 필요한 것이 병원이고 수리점인데 섬 사정은 정반대다.

오는 사람

섬에서 그리운 것은 사람이다.
배를 기다리는 것은 사람을 기다리는 것이다.
뭍에서 벌어진 시시콜콜한 이야기를 듣고 싶은 것이다.

섬에서 그리운 것은 사람이다.

기다리는 사람

고사리, 고둥, 맵싸리고둥을 들고 여행객을 기다린다. 여느 포구처럼 함지박을 늘어놓고 생선을 팔 수 없는 것은 더 이상 갯고기*가 잡히지 않기 때문이다. 직접 잡은 물고기라야 이문이 남는데 쉽게 잡히지 않으니 팔 것도 없다. 그 대신 물 빠진 갯벌에서 고둥을 줍고, 산에서 고사리를 꺾어다 삶아서 가지고 나왔다. 토실토실한 섬고사리는 어머니들을 유혹하고, 고둥은 간단하게 술 한 잔 할 요깃거리를 찾는 아버지들의 몫이다. 그 옆에 있는 봉지들을 열면 참깨, 들깨, 버섯 등, 식품점이 따로 없다.

◆
바닷가로 오는 물고기를 말한다. 옛날에는 먼 바다에 가지 않고도 바닷가에서 독살이나 죽방렴으로 물고기를 잡았고, 파도에 조기가 밀려오기도 했다. 바닷가에서 물고기를 그냥 줍는 것이다. 기다렸다가.

우편함

아파트마다 입구에 우편함이 있다. 층층마다 오르내리며 우편물을 배달하기 어렵고 외부인이 드나드는 것을 반기지 않는 세태가 만들어낸 결과다. 내가 어릴 때는 누구보다 반가운 사람이 우체부였다. 편지나 소포라도 오는 날이면 온 동네가 떠들썩했다. 그때는 우체부들도 집집마다 들르는 수고를 마다하지 않았다.

요즘 작은 섬들은 나이 들어 이가 빠지듯 한 집 건너 한 집이 빈집이다. 집들도 가뭄에 콩 나듯 떨어져 있는 데다 집이 비어 있는 날도 부지기수다. 보다 못해 누군가 우편함을 생각해낸 모양이다. 평도의 우편함은 고장 난 전자레인지다. 우유를 데우고 국을 데우던 붉은색 전자레인지에 가벼운 주머니의 먼지마저 털어낼 고지서만 가득 쌓여 있다. 백아도의 우편함은 마을 사정을 알려주는 복덕방 같다. 모두 열네 집이 살았던 모양인데 지금 우편물이 있는 곳은 다섯 집뿐이고, 위에는 주인 잃은 우편물들이 쌓여 있다. 나머지는 빈집이거나 장기 출타중이거나, 더는 아무도 찾지 않는 집일 수도 있다. 세금고지서라도 직접 배달한다면 어르신들의 인기척이라도 가끔 확인할 수 있을 텐데 안타깝다.

섬마을은 우편함도 이리 외롭다.

함께 한다는 것

너른 산자락 아래 집이 두 채.
함께한다는 것은 오래 견디어야 얻을 수 있는 축복이다.
같은 잠자리에서 잠이 드는 노부부,
마주보고 차를 마시며 세상 사는 이야기를 나눌 수 있는 친구도 그렇지만,
지붕을 맞대고 이웃으로 산다는 것도 그토록 깊은 인연이다.

낡은 것

이런 사람은 간첩입니다. 꼭 신고해주세요.

간첩 식별 요령
1. 물가 시세를 잘 모르는 사람
2. 무의식중에 동무, 인민 등의 언어를 사용
3. 지형 지리를 문의하는 사람
4. 은근이 인간적으로 접근하는 사람

섬에는 미처 지워지지 않은 과거의 흔적이 많다.
숨은 그림 찾듯 그 흔적을 찾아보시라.

상점

사람 사는 곳에 가게가 왜 없냐고?

도시는 골목마다 대형 마트가 넘쳐나지만 섬에는 작은 상점 하나 없는 곳이 많다. 마을부녀회에서 운영하는 작은 가게라도 있으면 그나마 다행이다. 아이들이 없으니 과자부스러기를 찾는 이 없고, 생필품도 뭍에 나갈 때 바리바리 사서 가져오거나 주문을 하면 목포든 군산이든 여수든 인천이든 대천이든 통영이든 다 보내주니 섬에서 가게가 운영될 리 없다. 가끔 사정 모르는 육지 것들이 지갑에 돈만 넣고 왔다가 불평불만을 늘어놓는다.

섬마을 학교

신안군 흑산면에 속한 작은 섬, 영산도에 사는 바다는 6학년이다. 한동안 선생님과 바다 둘이서 작은 학교를 지켰다. 다행이 2년 전부터 신입생이 들어와 1학년과 2학년에 한 명씩 있다. 바다가 졸업하면 자칫 폐교가 될 뻔했던 학교를 살려놓았으니 얼마나 다행인지 모른다. 바다는 한동안 넓은 운동장을 혼자 차지하고 놀았다. 바다의 꿈은 낚시꾼이다. 낚시를 아빠보다 잘한다.

섬마을에 학교가 있는 것과 없는 것은 큰 차이다. 학교는 섬 주민들의 자존심이다. 어떻게든 섬 안에 학교를 세우기 위해 모든 주민이 팔을 걷어붙이고 나섰다. 가장 먼저 필요한 것은 학교부지다. 학교를 세워 달라는 섬이 전국에 많으니, 교육청은 주민들이 나서서 학교부지를 마련하고 울력이라도 하겠다는 곳부터 학교를 세워주었다. 그리고는 교육청 재산으로 등록했다. 어떤 섬은 염전을 만들어 학교 운영에 보태도록 내놓고, 어떤 섬은 마을어장의 일부를 내놓았다. 고립된 섬에 학교조차 없으면 배움의 기회가 전혀 없기에 주민들에게 학교 유치는 언제나 큰 숙원사업이었다.

그러나 현실은 그리 녹록치 않다. 섬이라고 모두 학교가 있는 것이 아니듯, 학교가 있다고 학생이 많은 것도 아니다. 흑산면의 경우 흑산초등학교 본교에 다니는 38명을 제외하면 홍도분교에 11명, 영산분교에 3명, 장도 외 2개 분교에 1명의 학생이 있다. 인천 옹진군은 50여 개의 섬에 초등학교가 6개, 분교가 6개 있는데 이중 장봉도, 신도, 승봉도, 무의도 등 작은 섬들은 신입생이 고작 한두 명이다.

섬 인구가 줄어들면서 제법 큰 섬의 초등학교도 분교로 전락하고, 많은 분교들은 문을 닫아야 할 형편이 되었다. 섬에 중고등학교가 있는 경우는 극히 드물다. 섬이 많은 통영시의 경우 12개 중학교 중에 3개가 큰 섬에 있지만 고등학교는 없다. 섬 아이들은 초등학교를 마치면 중학교, 고등학교는 뭍에 가서 다녀야 한다.

한편 섬마을의 작은 분교들은 평교사들에게는 도서벽지 근무 점수가 주어지기 때문에 제법 인기 있는 근무지이지만, 교감이나 교장의 경우 좌천성 인사로 발령받아 오는 경우가 많다.

여수시에서 배를 타고 10분 거리에 있는 작은 섬의 분교 놀이터에서 체육시간에 뛰어놀고 있는 학생 네 명을 만났다. 2011년 당시에 6학년 1명, 4학년 2명, 3학년 1명이었다. 아이들의 웃음소리는 천상의 소리다. 작은 섬에서는 더욱 그렇다. 하지만 이 학교는 이후 반년도 지나지 않아 폐교되어서 더 이상 천상의 소리를 들을 수 없게 되었다.

폐교가 되고 나서
그네를 찾는 애어른이 많아
차마 없애지 못했던 것도,
몇 년 후에는 결국 사라졌다.

우리들의 천국

오일장에 다녀오신 어머니가 잠깐 염전에 다니러 간 사이,
아이는 단내가 물씬 나는 참외 몇 알을 들고 친구들과의 비밀 장소로 달렸다.
그곳은 마을로부터 멀찍이 떨어진 마을숲이다.
더 이상 당제를 지내지 않아 숲에 관심을 갖는 이가 없고,
집집마다 에어컨이 있으니 그늘과 바람을 찾아 이곳까지 오는 이도 없다.
비밀이 많은 아이들에게 여기보다 안전한 곳이 또 있을까?
큰 참외를 하나씩 나눠들고 두 녀석은 당산나무 위로,
한 녀석은 당산나무 굵은 줄기에 기대어 아작아작 베어 물기 시작했다.
꿀꺽, 침이 넘어가건만 야속하게 한 입 먹어보라는 말도 없다.

물조심

'물가에 가지 마라.'

어릴 때 귀가 닳도록 듣던 말이다. 삼면이 바다로 둘러싸인 나라에서 물과 친하지 않고 어떻게 살라는 것인지, 바다를 제대로 알고 자원으로 아끼며 살길을 찾아야 마땅함에도 오히려 바다를 멀리하고 두려워하도록 교육받았다.

사실 어린이들에게 물조심보다 더 강조해야 할 것은 차조심이다. 어린이보행자 교통사고 사망자 수가 OECD 2위라는 불명예가 이를 입증한다. 섬에서 태어나 놀이터라고는 바다뿐인 아이들에게 '물조심' 경구는 어떻게 받아들여질까? 바다를 안전한 놀이터로 지켜주어야 할 어른들이 고작 생각해낸 것이 '물가에 가지 마라.'라니. 세월호 침몰이 그렇게나 큰 인명사고로 번진 것도 이런 교육 현실과 무관치 않을 것이다.

사람들이 물을 너무 모르고 바다도 너무 모른다.
알려고 하지 않고 피하려고만 한 탓이다.

part 2

섬 · 살림

섬에서 '삶'이 가능하려면 먹을 물이 있어야 한다.
그래서 샘부터 파고 나서 집을 지었다.
바람을 숙명처럼 안고 살아야 하는 섬에서
낮은 집에 돌담과 방풍림 조성은 필수다.
섬 밖으로 나가려면 작은 조각배라도 있어야 하고,
바닷가의 갯밭과 소금밭, 미역바위, 앞바다 어장,
그 무엇도 없으면 산나물이나 쑥이라도 캐어서 살림 밑천으로 삼았다.
조새와 가래, 그레, 뻘배, 테왁 등 집집마다 널린 어구를 보면
그 섬에 주어진 바다환경을 짐작할 수 있다.

뱃길

뭍에서 섬으로 가려면 배를 타야 한다. 다른 방법이 없다. 오가는 사람이 많은 뱃길은 회사들이 서로 운항하겠다고 경쟁하지만 이윤이 남지 않는 길에 투자하는 회사는 없다. 이런 길은 국가에서 지원해 배를 띄우게 하며, 이런 항로를 '명령항로'라고 한다. 그러나 이마저도 어려운 뱃길이 있다. 기업도 국가도 손을 놓은 곳. 그렇다고 헤엄 쳐서 바다를 건널 수는 없으니 주민들이 직접 나섰다. 집집마다 1년에 보리 한 말, 나락 한 말을 걷어서 나룻사공에게 주고 바다를 건넜다. 기계배로 바뀌자 마을에서 배를 구입해 운항했는데, 연말이면 선장을 구하는 게 큰일이었다.

나중에 어느 섬은 지자체에서 배를 만들어주고 운영비도 지원했지만 국가는 여전히 모른 체한다. 여전히 마을 배가 없는 섬을 오갈 때는 사선을 구해서 타야 한다. 이장이나 어촌계장이 바쁘다. 이럴 때 유류비라도 내야 미안하지 않은데, 도시 택시비에 비할 수 없이 비싼 것은 말할 것도 없다. 작은 섬 주민은 국민도 아니던가? 일본에서는 뱃길도 도로로 인식해 투자한다. 육지라면 도로를 개인이나 마을이 만들어 포장까지 하게 만드는 셈 아닌가?

작은 섬이 외로운 것은 사람이 없어서가 아니다.
바로 이런 이유 때문이다.
육지 중심의 사고.

흔들리는 배가 안전하다

몇 년 전이다. 섬 조사를 위해 배를 타고 돌아다닐 때였다. 신안 비금도 앞 작은 섬에 밤늦게 도착해서 부랴부랴 배를 대고는 잠자리를 찾아 마을로 갔다. 다음날 아침 출발하려고 나왔다가 소스라치게 놀라고 말았다. 배가 선착장 모서리에 기댄 채 전복되기 직전이었다. 만조 때 배를 정박하면서 닻줄을 단단히 매어둔 것이 화근이었다. 물이 빠질 때를 고려해 줄을 더 느슨하게 풀어두었어야 했다. 가끔 선착장에서 멀리 떨어진 곳에 배를 정박시키고 바지선을 타고 들어오는 어민을 본 적이 있는데, 바로 그런 이유에서라는 것을 이렇게 겪어보고야 알았다.

돌닻

철닻(철묘)

배를 정박할 때 닻줄을 너무 팽팽히 당겨 매면, 물이 들었다가 빠지면서 배가 기울거나 뒤집어질 수 있다. 배가 기울어진 상태에서 물이 들기 시작하면 기관실이 침수될 우려도 크다. 내가 탄 배가 그랬다. 바닷물이 들고 나서 배가 다시 떠올랐지만 이미 엔진에 물이 들어가서 작동되지 않았고 배 안의 물을 다 퍼내야 했다. 바람이라도 불고 파도가 높았다면 무슨 일이 발생했을지 모른다.

배를 정박시킬 때 매어두는 도구가 닻이다. 그 닻과 배를 연결하는 줄을 닻줄이라 한다. 닻은 배가 조류에 끌려가지 않도록 붙잡아주고, 닻줄은 파도와 너울에 배가 적당히 흔들리며 수평을 유지하게 돕는다. 닻과 닻줄은 뱃사람의 생명을 지켜주는 기본 장비이기에 배에 늘 여분을 가지고 다닌다.

옛날에는 밧줄 끝에 무거운 돌을 매달아 배가 떠내려가지 않도록 했다. 이를 정(碇)이라 했고, 닻을 내리고 머무는 것을 일컬어 정박이라 했다. 나중에는 무거운 돌 대신에 동물의 뿔이나 나무로 갈고리를 만들고 돌을 매달아 닻으로 사용했는데, 나무로 만든 갈고리가 고양이 발톱을 닮았다고 해서 목묘(木猫)라고 했다. 후에 닻을 쇠로 만들면서 철묘(鐵錨)라 불렀다. 여기서 유래해 닻을 묘(錨)라 하고, 닻을 놓고 머무는 것을 묘박이라고도 부른다.

자가용 배

뭍으로 나가는 여객선을 타기 위해 노인이 작은 배를 타고 큰 섬으로 간다. 큰 배가 옆으로 지날 때면 출렁이는 파도에 추풍낙엽처럼 위태롭건만 노인의 표정은 여유롭기만 하다.

바다에는 많은 선원을 태우고 조업하는 큰 배도 있지만 혼자서 노를 젓고 낚시를 던지며 문어 잡고 장어 낚는 작은 배들도 있다. 이런 배는 어장에 물고기가 제법 있어야 한다. 배를 타고 멀리 가지 않고, 팔 곳도 가까운 곳에 있어야 한다.

크건 작건 배는 섬사람들에게 승용차이고 화물차인 자가용이다. 도시에서 어떤 사람은 외제차를 타고 어떤 사람은 소형차를 타고 다니듯, 섬에도 큰 배부터 작은 배, 생계용 어선부터 고급 요트에 이르기까지 다양한 교통수단이 있다.

우편
욕지도우체국

돌담

섬집들은 대부분 바다를 내려다보며 경사진 곳에 자리 잡고 있다. 지금처럼 튼튼한 제방을 쌓기 어려웠던 옛날에는 폭풍이 쳐도 파도가 올라오지 않을 정도의 높은 곳이나 언덕, 구릉지에 집을 짓고 주변에 갯바람을 막을 담을 치거나 나무를 심고 살았다.

돌을 쌓을 때 바람에 맞서겠다고 완벽한 차단벽을 쌓는 것은 어리석은 일이다. 아무리 튼튼한 돌담도 바람을 막을 수 없다. 섬은 바람을 안고 살아야 할 운명이다. 제주 사람들의 살림집도, 올레도 바람을 안고 서 있다. 여서도, 수항도, 추도의 돌담도 그렇다. 다만 가파도, 마라도, 우도처럼 언덕도 없고 피할 곳이 전혀 없는 섬에서는 이중벽을 쌓기도 했다. 안과 밖에 이중으로 돌담을 쌓고 가운데 틈에 잡석을 넣었다. 그렇게 담을 쌓고 나무를 심어 바람을 어느 정도 막고 나서야 농사를 짓고 살림집도 지었다.

돌담은 때로는 김과 파래를 말리는 덕장이 되고, 아이들과 개들이 노니는 놀이터가 된다. 한때는 아이들 소리로 왁자지껄했지만 지금은 간간이 개소리만 들릴 뿐이다.

세간 풍경

섬마을을 거닐다 보면 낮은 돌담 너머로 집집마다 손때 묻은 세간들에 눈길이 머물 때가 많다. 어느 집 담벼락에 정갈하게 걸려 있는 키, 소쿠리, 바구니들. 혹은 부품을 하나하나 모아서 재조립한 낡은 자전거, 사용 후 젖은 채 널어놓은 어구들, 빈 집에 시간과 함께 버려진 벽시계. 그런 것들.

나이가 드니 자꾸 낡고 오래된 것들에 눈이 간다.
옛것을 볼 때 마음이 편안해진다.

장독

어릴 때 누나는 장독 위로 감꽃이 떨어지면 그것을 꿰어서 목걸이를 만들었다. 숨바꼭질을 할 때 가장 먼저 숨는 장소도 뒤곁의 장독 뒤였다. 할머니와 어머니의 손맛이 시작되는 곳도 바로 이 장독대였다는 사실을, 할머니가 돌아가신 후에야 알았다.

시골에서 도시로 이사할 때 제일 힘든 일이 장독을 옮기는 것이었다. 특히 메주를 담글 때 사용하는 커다란 옹기와, 된장과 갖가지 장들이 담긴 무거운 옹기들은 도저히 가져갈 엄두가 나지 않았다. 장독 속의 장과 된장만 떠서 옮겼는데 옛날 맛이 아니었다. 이사하면서 손맛도 장독과 함께 두고 온 탓이다. 도시의 날씨가 시골과 같지 않고 장을 보관하는 장소도 달라졌으니 어찌 보면 당연한 일이다.

빈 섬집에는 모든 세간이 다 빠져나가도 장독만은 그대로 남아 있는 경우가 많다. 때로는 장이나 된장이 그대로 담긴 채 버려지기도 한다. 그와 반대로, 분명히 빈 집이고 세간이 나뒹구는데도 장독대만은 잘 보관된 곳도 있다. 누군가 주기적으로 찾아와서 장독만 보살피는 것일까? 그 맛만은 버리지 못하고 필요할 때 가져가는 것이 분명하다.

장독 위에 커다란 돌멩이가 올라가 있다면 그곳은 바람이 심한 지역이다. 심지어 줄로 묶어놓은 곳도 있다. 논 가운데, 벼랑 위, 대나무 숲, 바닷가 등, 장독을 놓아두는 곳도 다양하다. 이렇게까지 애지중지 보관하는 것이 장과 고추장만은 아닐 것이다. 장독을 보면 섬 집들의 감출 수 없는 속살이 드러나는 것 같아 마음이 따스해진다.

샘

어머니는 새벽에 일어나면 제일 먼저 물동이를 이고 마을 큰샘에 가서 물을 길어오셨다. 100여 가구가 사는 큰 마을에 안고삭 우물, 웃동네 우물까지 세 개가 있었지만 큰샘 물이 가장 시원하고 맛도 좋고 양도 많았다. 술도가에서도 소재지에 있는 여러 마을 우물 중에서 꼭 우리 큰샘 물을 가져다 술을 빚었다.

문고리가 쩍쩍 달라붙는 엄동설한에도 어머니는 어김없이 샘물을 길어오셨고, 할머니는 그 첫물을 떠서 조왕신에게 올렸다. 가끔은 뒤뜰 감나무 밑 장독 위에도 물잔을 올려두고 정성껏 비셨는데, 아버지가 소를 끌고 우시장에 가는 날이나 시험을 치르는 날, 꿈자리가 좋지 않는 날이면 어김없었다.

섬에서 우물은 생명이다. 청산도에는 주민이 함께 사용하는 공동우물이 23개 마을에 모두 70여 개나 있다. 사람이 사는 데 꼭 필요한 것이 물이니, 마을을 이룰 때 우물 찾기가 첫 번째 과제였을 것이다. 나무를 심고 돌담을 쌓아 바람을 막고, 산비탈을 일구고 갯벌을 막아 농사를 짓는 것은 시간과 노력으로 해결할 수 있지만

제주 물통

물 관리는 인간의 영역이 아니었다. 그래서 정월이면 당제를 지낼 때 빼놓지 않고 샘굿을 했다. 정성껏 제물을 차려놓고 물이 잘 나오기를 기원했다. 완도군의 생일도에서는 "샘물아, 콸콸 솟아라."라며 다함께 소리 내어 빌기도 했다. 제주의 샘은 용천수이며, '물통'이라 부른다. 한라산에서 내려와 해안에서 솟아오른다. 용천수는 식수로 먹을 뿐만 아니라 목욕과 빨래도 했다. '큰물'은 여탕, 족근물은 남탕이다. 물이 있는 곳에 마을이 자리를 잡았다.

바다로 둘러싸인 작은 섬들은 먹을 물이 귀해서 평소에 빗물을 받아놓고 사용한다.
사람이 먹기 위해, 농사를 짓기 위해 정성껏 빗물을 끌어 모은다.
섬사람들에게 빗물은 하늘이 주는 또 다른 선물이다.

소

"이랴 이랴, 자라 자라, 와-와."

익숙한 소리를 좇아 언덕을 오르고 돌담을 돌아서자 밭을 갈고 있는 소와 농부가 눈에 들어왔다. 낯선 풍경 같지만, 섬에도 소가 산다. 농부와 소는 산비탈에 고구마를 심기 위해 쟁기질을 하고 있었다. 경사가 급한 곳의 밭을 갈 때는 트랙터는 고사하고 경운기도 마땅치 않다. 소만한 것이 없다. 디지털이 아무리 판을 쳐도 아날로그 감성과 손맛을 대체하지 못하듯이, 경운기보다 편한 트랙터가 농사일을 전담하는 요즘이지만 소로 하는 쟁기질이 필요한 곳은 있게 마련이다.

소가 어느 정도 자라 쟁기질할 시기가 되면 코뚜레를 달아줘야 한다. 코뚜레가 있어야 수레나 쟁기를 끌 수 있기 때문이다. 나는 그 작업을 처음 본 날을 잊지 못한다. 어느 날 아버지가 외양간에 있던 송아지를 밖으로 끌어내 나무송곳으로 콧구멍 사이를 뚫었다. 송아지는 움메움메 서럽게 울었고 나도 눈물을 흘리며 눈과 귀를 틀어막았다. 한참 후 눈을 떴을 때 바닥에는 붉은 피가 흥건했고 송아지는 왕방울만한 눈을 껌벅이며 글썽글썽한 눈빛으로 나를 쳐다봤다.

섬이나 바닷가 마을에서는 소를 처음 길들일 때, 코뚜레에 쟁기를 달아 넓은 백사장에서 훈련시킨다. 오랜 반복 끝에 주인의 말과 고삐의 당김을 알아차릴 정도가 되어야 논밭에서 쟁기질을 할 수 있다. 그렇게 몇 년간 길들여야 밭갈이를 제대로 하고 수레를 끌 수 있는 소가 된다. 옹진군의 작은 섬에서 훈련받는 소를 본 적이 있다. 소는 느린 걸음으로 긴 해안선을 몇 차례 오가더니 씩씩대며 입에서 거품을 내뱉었다. 훈련은 주인이 점심 먹는 시간을 제외하고 오전 오후에 두어 시간씩 이어졌다.

원 안의 논

섬사람에게도 농사지을 땅은 목숨보다 소중하다. 섬에 사람이 살기 시작하면서부터 갯벌을 막고 산비탈을 일궈 논밭을 만들었다. 우리나라에서 세계중요농업유산 1호로 등록된 청산도 구들장논◆, 명승으로 지정된 남해 다랭이논이 대표적인 예다. 갯벌에 방조제를 쌓아 물길을 막고 논을 만든 사례도 수없이 많다. 우리나라 최초의 간척 논은 강화도 선수마을에 있다고 알려져 있다.

신안의 작은 섬 박지도 해안에는 조금 이색적인 논이 있는데, 이름이 '원 안의 논'이다. 원은 바닷물이 들어오지 못하게 쌓은 방조제를 뜻한다. 지게나 삼태기로 돌과 흙을 무수히 실어다 작은 방조제를 쌓고, 그 안에 바닷물이 들어오지 못하게 막아서 논을 만들었다. 박지도 외에 반월도◆에서도 이렇게 만든 논에 벼를 심어 먹고 살았다. 지금은 지구온난화로 바닷물 수위가 높아져 제방 관리가 어려운 데다 농사지을 사람도 없어서 원 안의 논들은 그대로 묵혀지거나 돌담만 앙상하게 남아 있다.

◆
구들장논: 주민들은 '방독논'이라 불렀다.
반월도: 전라남도 신안군 안좌면에 속한 작은 섬이다.

박지도 원 안의 논

남해 다랭이 논

쑥밭

'쑥밭'은 불행과 불안을 상징하는 말이다. 그런데 남쪽의 외딴 섬에서는 희망의 상징이 되어가고 있다. 쑥이라는 이름에는 엄청난 번식력과 군집성이 내포되어 있다. 그리스신화에 나오는 탄생과 다산의 여신 아르테미스의 이름에서 쑥의 속명 아르테미시아(Artemisia)가 유래했다. 꽃이 아름답지도 않고 꿀이나 향기도 없는데 어떻게 순식간에 번식을 할까? 그 비밀은 바람에 있다. 쑥은 바람에 의해 수정되는 풍매화다.

섬에는 바람이 많다. 통영의 추도, 연대도, 여수의 거문도, 진도의 조도, 관매도, 관사도, 대마도, 외병도, 성남도 등, 바람이 많기로 유명한 남쪽 섬들에서 쑥은 겨울에도 잘 자란다. 뭍에서는 아직 싹도 올라오지 않은 엄동설한에도 쑤-욱 쑤-욱 잘만 자란다. 이 엄청난 번식력 때문에, 힘에 부치고 돈벌이가 되지 않아 묵혀놓았던 비탈진 밭들이 온통 쑥밭으로 바뀌었다. 그런데 요즘은 텅 빈 어장 대신에 이런 쑥밭이 효자 노릇을 한다. 쑥 때문에 마을기업과 협동조합이 만들어질 정도다. 도다리쑥국, 쑥떡, 쑥즙, 쑥수제비, 쑥빵 등이 섬 특산물이 되어가고 있다. 어장이 끝나면 뭍에 나가 생활하는 것이 일상이던 사람들이 겨울에도 섬을 지키는 이유가 되었다.

쑥은 기질적으로 섬사람을 닮았다. 밭에서는 잡초라고 외면하기에 스스로 군락을 이루어 살아남아야 한다. 그래서 빨리 큰 무리로 자란다. 쑥 뿌리에서 발산되는 독특한 화학물질이 쑥밭에 들어온 다른 식물의 성장을 억제하고 심지어 죽이기까지 한다. 이런 강인한 생명력 덕분에 척박한 황무지나 산불로 모든 생명이 꺼져버린 땅에서도 쉽게 싹을 틔운다.

쑥을 보면 섬사람들의 얼굴이 떠오른다.
이제 쑥밭은 외딴 섬의 희망이다.

우영팟

제주도 전통 민가를 보면 집안의 통시◆ 옆에 작은 텃밭이 있다. 이를 '우영팟'이라고 한다. 많지는 않지만 다양한 야채가 사철 자라는 야채 창고다. 필요할 때마다 뽑아서 특별한 양념 없이 강된장에 조물조물 무쳐 먹는다. 강된장이란 메주와 장을 분리하지 않고 으깬 제주 토속된장으로, 제주의 모든 간과 맛이 여기서 비롯된다.

제주도는 따뜻한 날씨 덕분에 사철 언제나 싱싱한 야채가 자라므로, 뭍에서처럼 김장을 담그거나 겨울에 먹을 채소를 갈무리해서 보관할 필요가 없다. 우영팟은 집안의 돌담 안에 만든 텃밭이기에 들과 산, 바닷가에 있는 밭들에 비해서 바람을 덜 맞고 기온도 높아 야채가 더욱 잘 자란다. 제주인의 지혜가 엿보이는 살림 풍경이다.

◆ 변소와 돼지우리를 하나로 만든 공간.

소매품앗이

미역섬◆의 마을 밭에 오줌통이 서너 개 놓여 있다. 두 개는 가득 찼고 나머지는 막 차기 시작했다. 거름으로 사용하기 위해 모아둔 것이다.

지금처럼 화학비료가 없던 시절에는 할머니가 아침에 일어나면 밤새 요강에 받아둔 오줌을 가져다가 화장실 옆의 큰 독으로 옮겨 담았다. 아이들은 심지어 마을에서 뛰어 놀다가도 오줌이 마렵거나 똥을 싸야 할 때면 쏜살같이 집으로 달려야 했다. 귀한 거름을 남의 집에 주지 말고 집에 가져와야 한다는 아버지의 밥상머리 교육 탓이었다.

일을 본 뒤의 대변은 재나 왕겨를 섞어 모아두었다가 다시 볏짚이나 풀을 섞어 퇴비로 만들었다. 넓은 화장실 안쪽에서부터 이렇게 갈무리한 대변들이 차례로 쌓여갔다. 집 바깥에도 소를 키우는 외양간 옆에 배설물과 짚을 섞어 쌓았다. 이걸로도 부족해서 모내기를 마친 산과 들에도 배설물을 옮겨 퇴비를 만들었다.

섬에는 예부터 '오줌품앗이'라는 말이 있었다. 봄이 되면 겨우내 추위와 가뭄을 잘 버텨낸 마늘밭과 봄갈이를 할 논밭에 밑거름과 함께 잘 삭힌 오줌을 뿌려주었는데 오줌 양이 늘 부족했다(거친 퇴비가 효과를 보려면 시간이 필요하지만 오줌은 빠르다). 그래서 생겨난 것이 오줌품앗이로, 자신의 오줌통을 들고 남의 밭에 가서 거름을 주고 일도 거들면서 품을 지고 갚는 일이다. 부족한 거름도 해결하고 일손도 거드는 품앗이의 일종이다.

◆
전남 진도군 조도면에 있는 곽도를 말한다.

지게

지게는 우리 민족이 발명한 우수한 연장이다. 만드는 방법은 다음과 같다. 가지가 위로 뻗은 삼나무나 소나무를 반으로 갈라 사다리꼴로 벌려 세운 다음 그 사이에 박달나무나 밤나무로 만든 이음새(이를 '세장'이라고 부른다)를 너덧 개 끼운다. 여기에 등태를 붙이고 밀삐(멜빵)를 맨다. 어린아이부터 어른용까지, 키가 크건 작건, 얼마든지 맞춤으로 제작할 수 있는 지게는 집집마다 만들어 쓰기도 했지만 마을마다 솜씨 좋은 장인이 있었다.

논밭에서는 보통 다리가 긴 지게를 쓰지만 비탈을 오를 일이 많은 섬에서는 짧은 지게가 유리하다. 지게로 한번에 50~70킬로그램의 등짐을 질 수 있다. 흙이나 퇴비를 나를 때는 싸릿대나 대나무를 쪼개 만든 발채(접고 벌릴 수 있다)를 지게에 얹어서 사용한다. 바지락이나 굴 등 젖은 어패류를 운반하는 갯벌에서는 발채를 함석이나 비닐 포대로 만들어 바닷물이 등줄기를 타고 흐르는 것을 막는다. 질척한 펄갯벌에서는 뻘배로 짐을 실어 운반하고, 갯골이 없는 평평한 혼합갯벌에서는 외발수레나 경운기가 편하다. 하지만 갯골이 많은 혼합갯벌에서는 지게로 운반해야 안전하다.

지게는 조선 후기에 만들어 사용했다고 전해지는데, 문헌상으로는 1690년(숙종 16년)에 편찬된《역어유해》에 처음 등장했다. 이때 나온 뜻을 풀어서 배협자(背狹子)라 불렀다. 1766년에 간행된《증보산림경제》에는 부지기(負持機)라고 소개되어 있는데, '부'도 진다는 말이고 '지기'도 진다는 뜻이다. 한편 일본에서 조센 가루이, 조센 오이코, 또는 대마도에서 지케(지케이)라고 부르는 물건 역시 우리 지게가 건너가 널리 사용된 것이다.

가래와 부게

낙지 몇 접을 파야 쌀 한 말 사기 어렵던 시절에 가래와 부게는 목숨을 유지하는 수단이었다. 가래는 갯벌 속의 낙지를 잡을 때 개흙을 파내는 삽이고, 부게는 그물에 걸리거나 갯벌에서 잡은 어패류를 등에 져서 나르는 도구이다. 부게를 '낙지조락'이라고도 부른다. 덕지덕지 부적처럼 달라붙은 가난을 잊기 위해 얼마나 삽질을 했던가. 가래 손잡이가 닳고 닳았다. 지금은 낙지 몇 마리면 쌀이 한 가마다. 쌀값이 떨어진 건지 낙지 값이 오른 건지, 어느 쪽이든 심사가 뒤틀리긴 마찬가지다.

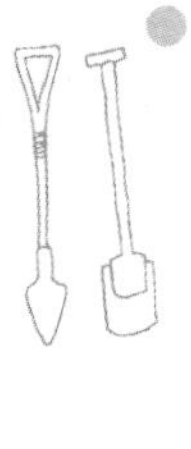

● 가래의 종류 ●

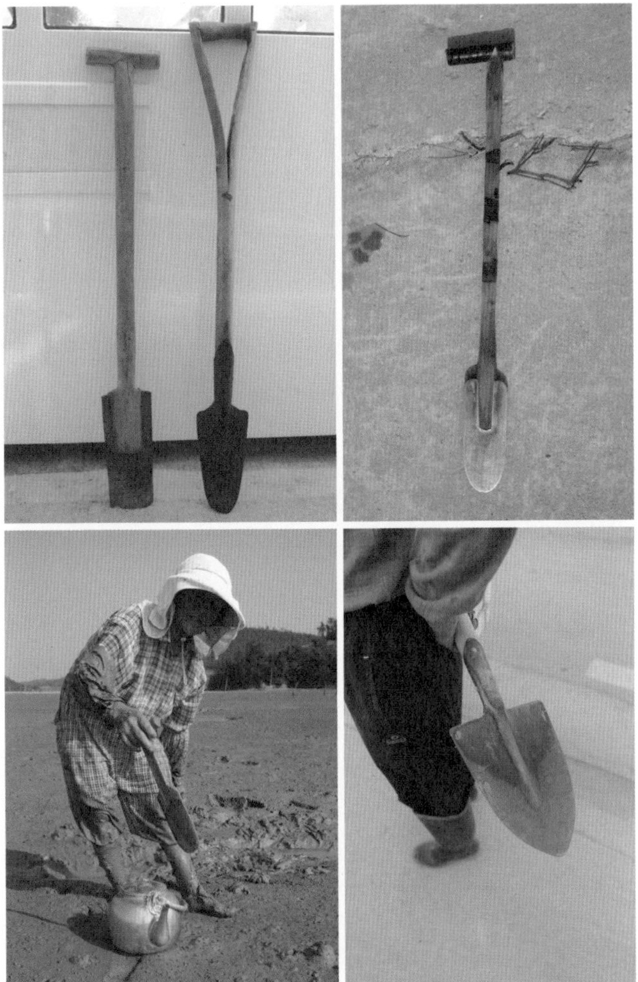

1	2
3	4

1. 무안군 무안읍 가래 2. 신안군 압해도 가래
3. 신안군 지도 손가래 4. 홍성군 남당 가래

그레

그레는 갯벌을 긁어 백합, 동죽, 모시조개 등을 캐는 도구다. 지역에 따라 다양한 이름으로 불렀는데 신안 임자도에서는 글겡이, 고창과 부안에서는 그레, 서천에서는 그렝이, 옹진에서는 끄레라고 했다. 그 모양새도 영광, 고창, 부안에서 쓰는 것과 김제와 군산, 옹진에서 쓰는 것이 조금 달랐다.

그레가 가장 많았던 곳은 새만금 사업으로 갯벌이 사라진 전북 부안군의 계화도였다. 동진강과 만경강 하구에 형성된 새만금갯벌은 한때 우리나라 최대 백합 산지였고 그중에서도 계화도가 으뜸이었다. 그래서 계화도 어머니들은 '남편 없이는 살아도 그레 없이는 못 산다.'고 할 정도였다. 계화도에서는 백합을 생합 혹은 상합이라고 불렀는데 '살아있는 백합' '조개의 으뜸'이라는 뜻이다.

계화도 여성들이 그레를 가지고 생합을 잡기 시작한 것은 1970년대 중반 이후라고 한다. 계화도 간척으로 섬에 외지인이 드나들기 시작하고 교통도 편리해 유통이 원활해지면서다. 이 무렵에 생합은 전량 일본에 수출되어 마을에 수집상이 생기고 외부 상인들과 연결하는 유통 질서가 생겨났다. 당시 계화도 어머니들이 그레질을 해서 하루에 버는 수입은 10만 원을 훌쩍 넘겼다. 한 집에 갯일을 할 수 있는 사람 수만큼 그레가 있었고, 여분까지 합하면 족히 너덧 개씩은 되었다.

겨울철에도 그레질은 멈추지 않았다. 대신 생합이 갯벌 깊이 들어가 누워버리는 겨울에는 그레를 7~10센티미터 깊이까지 넣어서 끌어야 했다. 반면에 봄가을에는 생합이 서 있기 때문에 2~3센티미터 깊이에서 그레질을 하면 된다. 물에 잠긴 갯벌, 오랫동안 햇볕에 노출된 갯벌, 흐르는 물가에 있는 갯벌 등 환경에 따라 생합의 크기도 다르고 잡아야 하는 철도 달랐다. 지금도 그레질을 해서 백합을 잡는 곳은 인천 옹진군의 볼음도와 장봉도 정도다.

조새

조새는 굴 껍질을 까고 속살을 파내는 데 사용하는 연장이다. 어른 한 뼘 크기의 쇠날(조새날)이 붙은 몸통과 손잡이, 그 밑에 ㄱ자 모양 꼬챙이인 종질개(조새쌈박이)로 이루어져 있다. 쇠날로 굴을 쪼아 껍질을 벗기고 꼬챙이로 굴을 꺼낸다. 지역에 따라 쥄, 쪼시개, 쪼새라고도 부른다.

조새는 언제부터 사용했을까? 선사시대 유물인 조개더미에서 가장 많이 나오는 것이 굴 껍질이다. 《동국여지승람》에 의하면 굴은 강원도를 제외한 전국 7도 70여 고을의 토산품이었다. 조새를 언제부터 사용했는지는 정확하게 알 수 없다. 역사적으로 조새가 처음 발견된 것은 고려시대에 해남의 진산리 도요지에서 도자기를 싣고 남해안으로 가다가 전남 완도군 약산도 앞바다에서 침몰한 난파선에서였다. '완도선'이라 이름 붙은 이 배에는 11세기 것으로 추정되는 도자기가 실려 있었고, 그와 함께 쇠날과 종질개가 부식된 조새 두 개가 발견되었다. 그러니까 약 천 년 전에도 조새를 사용했던 것이다.

● 조새의 종류 ●

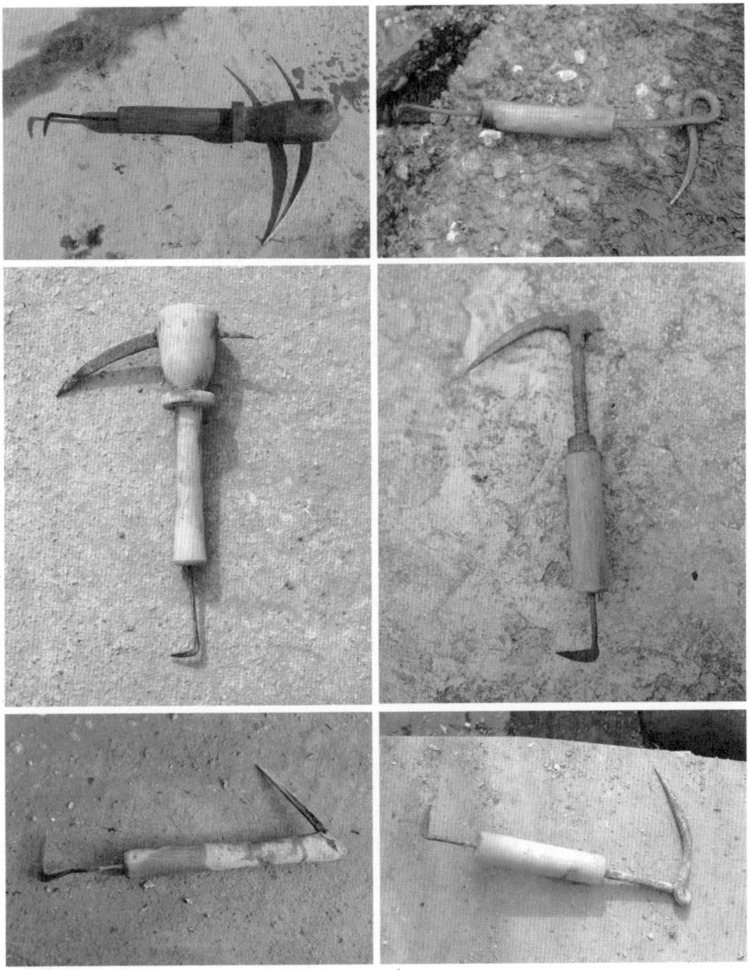

1 2 1. 함평 돌머리 조새 2. 해남 화양면 조새

3 4 3. 완도 금당도 조새 4. 통영 수우도 조새

5 6 5. 완도 고금도 조새 6. 하동 방아섬 조새

뻘배

전라도에서도 무안, 함평, 영광, 고창, 부안 등 서해안 갯벌과 달리 순천, 고흥, 장흥 등 서남해안 갯벌은 매우 깊고 차지다. 이런 갯벌을 펄갯벌이라 한다. 뻘배는 펄갯벌을 이동하는 교통수단이자 채취한 수산물을 운반하는 도구다. 널찍한 판자를 스키 모양으로 만들어 타고 다니기에 널, 널배, 널스키라고도 부르며 국가중요어업유산*으로 지정되어 있다.

뻘배를 타면 질퍽질퍽한 갯벌을 짱뚱어처럼 자유롭게 오갈 수 있다. 하지만 아무 때나 타는 것은 아니다. 물이 적게 빠지고 적게 드는 조금 때나 햇볕에 갯벌이 마른 날에는 뻘배를 타고 이동할 수 없다. 그래서 마을이나 계곡에서 작은 실개천처럼 물이 유입되는 곳으로 뻘배의 이동로가 만들어진다.

뻘배는 주로 여자들이 꼬막이나 맛을 채취할 때 이용하고, 남자들이 짱뚱어 낚시를 하거나 그물을 보러 갈 때도 쓴다. 오른발을 중심 발로 이용할 경우, 왼발을 뻘배에 올려 무릎으로 지탱하고 오른발로 갯벌을 밀면서 이동하면 된다. 노끈을 엮어서 만든 똬리를 뻘배에 올려놓고 그 위에 왼 무릎을 올리면 미끄러지지 않는다.

옛날에 사용하던 뻘배는 요즘 것보다 길이가 짧고 폭도 좁았으며, 한쪽 면이 막혀 있지도 않았다. 주로 소나무를 이용해 만들었는데 지금의 순천시 별량면 마산리에 있는 거차마을에서 오만 원 정도를 주고 맞춰 왔다고 한다. 요즘 뻘배의 한쪽 면이 막혀 있는 것은 꼬막을 채취할 때 뻘물이 넘어오지 않게 막기 위함이며, 이곳에 밀대를 대서 채취한 꼬막을 싣기에도 용이하다. 밀대란 두께 2센티미터의 긴 판자에 1센티미터 간격으로 철사를 갈퀴처럼 박아서 갯벌을 긁을 수 있게 만든 도구로, 공동양식장이 운영되면서부터 만들어 사용하고 있다.

◆

2015년 12월 16일 보성군 벌교읍 장암리 일원의 뻘배어업이 국가중요어업유산 제2호로 지정되었다. 국가중요어업유산 선정 제도는 전통어업 자원의 발굴 및 보전 · 관리 · 전승을 위해 해양수산부가 2015년도에 도입한 제도로, 제주도의 해녀어업(1호)과 경남 남해의 죽방렴 어업(3호)이 함께 지정되었다.

뻘배는 세월로 탄다

여자만의 작은 섬 장도의 주민들은 봄이면 바지락, 겨울이면 꼬막에 의지해 살아간다. 갯벌은 이들에게 소중한 삶의 터전으로, 이곳에서는 인간도 갯벌생물의 하나다. 고둥이나 짱뚱어처럼 갯벌에서 자유롭게 생활할 수 없기에 만들어낸 것이 뻘배이니 말이다. 장도 여성들에게 음식 솜씨 없는 것은 흉이 되지 않지만 뻘배를 타지 못하는 것은 큰 흉이다. 음식 맛은 짧은 기간에 어깨너머로 흉내라도 내지만 뻘배는 그리할 수 없다. 기술로 타는 것이 아니라 세월로 타는 것이다. 이곳에는 집집마다 숟가락보다 더 많은 것이 뻘배다. 그야말로 뻘배 인생이다.

죽방렴

죽방렴은 조류가 빠르고 폭이 좁은 물목에 참나무 기둥을 V형으로 박고 그 사이에 그물을 세워 임통(불통)에 멸치를 가두어 잡는 어법 및 어구를 말한다. 요즘처럼 배에서 모니터로 물고기 떼를 확인하고 쫓아가서 잡는 것이 아니라, 철따라 조류를 타고 물가로 오는 고기를 걸러서 잡는 전통 어법의 하나였다. 옛날에는 그물 대신에 대나무를 일일이 쪼개 엮어서 사용했기 때문에 죽방렴(竹防簾)이라 불렀다. 대나무 대신 칡넝쿨이나 싸리나무를 사용하기도 했다.

죽방렴은 1469년(예종 1년)《경상도 속찬지리지》'남해 현조편'에 소개되어 있으며, 경남 남해군 지족해협 등에서 지금도 전통을 이어가고 있다. 창선도와 남해읍 사이의 지족해협은 수심 10미터 내외에 물길이 좁고 물살도 빨라 어구를 설치하기에 적당하다. 현재 지족해협에 20여 개, 사천시 신수도, 신도, 마도, 저도 주변에 10여 개가 설치되어 있다. 지금은 사라졌지만 여수반도와 돌산도 사이, 청등도와 관매도 사이에도 죽방렴이 있었다고 한다. 지족해협의 죽방렴은 2010년 문화재청에서 지정한 명승 제17호이며, 2015년 국가중요어업유산으로도 지정되었다.

죽방렴 어업은 3월부터 12월까지 한다. 주민들은 하루에 두 번씩 배를 타고 나가 뜰채나 그물로 임통에 갇힌 고기를 건져내는데, 주로 멸치를 잡지만 갈치, 농어, 숭어, 학꽁치, 장어, 도다리, 전갱이, 감성돔 등도 잡힌다. 죽방렴으로 잡은 남해 멸치가 으뜸인 것은 선도가 좋고 스트레스를 받지 않았기 때문이란다. 그런 게 어디 멸치뿐일까.

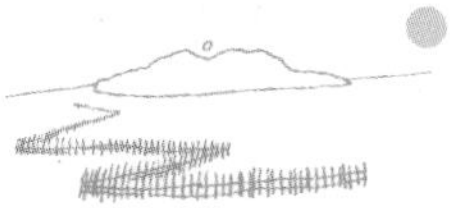

개막이

개막이는 조수간만의 차가 큰 연안에서 간조 때 갯벌이 드러나거나 수심이 얕아지는 곳에 기둥을 세우고 그물을 쳐서 조류를 따라 들어온 물고기를 가두어 잡는 어구를 말한다. 수산업법에서는 건간망(建干網)이라고 한다. 갯벌에 수 미터 간격으로 대나무나 참나무 고정목을 세우고 밀물에 그물을 내려놓았다가 썰물이 되기 전에 그물을 올려서 물고기가 빠져나가지 못하도록 막는다. 물이 빠지고 나면 그물이나 오목한 곳에 모여든 물고기를 맨손으로, 혹은 뜰채나 가래를 이용해서 잡는다.

개막이어업은 주로 'OO구미' 'OO금'이라고 부르는, 육지로 만입된 오목한 바다에서 많이 한다. 지금은 재미삼아도 하지만 1970년대까지만 해도 가난한 섬사람들의 살림 밑천이었다. 당시는 특별한 기술과 제약 없이 개막이를 설치할 수 있었지만 지금은 수산업법에 따라 개인이 마음대로 설치할 수 없다. 전남의 완도, 진도, 신안, 무안 등 서남해안 섬들과 연안에서 여름철 어촌체험이나 지역축제의 프로그램으로 활용하고 있다.

제주 신촌리의 돌코지원

독살

함정어구(陷穽漁具)의 일종인 독살 역시 조수간만의 차를 이용해 물고기를 잡는 전통 어법이다. 바다를 향해 돌담을 쌓아놓고 밀물과 함께 밀려온 물고기들이 돌담 가운데에 있는 임통(불통)에 가두어지도록 해서 잡았다. 《한국수산지》에는 '석방렴'이라 나와 있다. 대나무발로 막은 죽방렴과 대치되는 이름이다. 살을 설치하는 재료가 돌인 까닭에 서해안 어민들은 흔히 '돌로 막은 살'이란 뜻의 독살이라고 부른다. 충청도와 전라도에서는 돌을 '독'이라 한다.

독살은 많은 돌을 운반해 쌓아야 하고 태풍이나 큰 파도에 무너지면 보수도 해야 하기 때문에 노동력을 동원할 능력이 있어야 운영할 수 있었다. 그래서 소유자가 있고 재산처럼 사고팔았다. 그러나 연안의 저인망 어업으로 어족자원이 고갈되고 동력선과 나일론 그물이 보급되면서 독살은 점차 그 기능을 잃어버렸고, 서남해안에서 투석식 굴 양식이 유행할 때 주민들이 독살의 돌들을 가져다 사용하는 바람에 흔적조차 빠르게 사라져갔다.

현재 충남 태안군 해안에 독살 흔적이 집중적으로 남아 있으며 전북 부안, 전남 신안, 무안, 해남, 경남 남해, 제주 해안에서도 볼 수 있다. 제주에서는 독살이라 하지 않고 '원'이라 부른다. 특히 제주시 조천읍 신촌리에 남아 있는 돌코지원은 제주의 원 중에서 유일하게 지금도 멸치를 잡고 있는데, 7~8월 여름날 밤에 멸치가 들물에 들어온다. 옛날에는 멸치 외에 숭어, 오징어, 방어 등도 많이 들었다. 충청남도는 2000년에 보령 웅천면 독산리에 있는 독살을 민속문화재 제16호로 지정했다.

통발

꽃게 통발

통발은 물고기 등을 유인해서 가두어 잡는 함정어구다. 그물로 만든 통발에 미끼를 넣어두거나 작은 바다생물들에게 은신처를 제공하는 단지, 통, 소라 등을 바다에 던져놓고 그 안에 들어온 물고기와 문어, 주꾸미, 낙지, 소라, 고둥, 게, 장어, 새우 등을 잡는다. 옛날에는 대나무나 싸리나무로 발을 엮어서 통처럼 만들었기에 '통발'이라고 불렀지만 1970년대 이후 플라스틱 사용이 보편화되면서 통발의 재료도 합성수지로 바뀌었다.

동해안에는 어른 두 사람이 안아야 할 만큼 지름이 큰 원통형 대게 통발과, 사다리꼴로 얼기설기 엮어서 과연 물고기나 잡을 수 있을까 싶은 물메기 통발이 있다. 서해에서 가장 흔히 보이는 것은 둥근 깔방석처럼 생긴 꽃게 통발, 스프링을 사용한 접이식 원통형의 낙지 통발과 문어 통발, 긴 플라스틱 물통처럼 생긴 원통형 장어 통발이다. 남해에서는 물메기 통발, 낙지 통발, 장어 통발, 문어 통발이 함께 보인다. 제주의 우도와 추자도, 완도의 청산도 등에서는 바다에 단지를 넣어서 문어를 잡는다. 이렇게 잡고자 하는 것의 종류와 해역 환경에 따라 통발의 모양과 크기가 다르다.

통발어업은 특별한 기술이 필요하지 않고 소규모 어선으로 암초, 갯벌, 모래 등이 깔린 어떤 저층에서도 조업이 가능하다. 게다가 그물어업에 비해 포획물에 상처가 나지 않고 선도도 좋아 값을 제대로 받을 수 있다는 것이 장점이다. 하지만 통발에 갇힌 물고기는 결코 함정에서 벗어날 수 없기 때문에 어족자원 관리를 위해 통발 사용을 금지하는 나라도 있다. 미끼를 먹기 위해 들어온 작은 치어들이 빠져나가지 못하고 죽거나 남획되기도 하고, 파도나 태풍에 유실된 통발이 바다에 가라앉아 2차 피해를 발생시키기도 한다. 넓은 바다 속 작은 통발 안에 재수 없이 걸려든 물고기는 평생 그곳에 갇힌 채 죽어야 한다. 이를 '유령어업'이라고 한다.

● 통발의 종류 ●

1	2	1. 장어 통발　2. 문어 단지
3	4	3. 대게 통발　4. 도다리 통발
5	6	5. 물메기 통발　6. 낙지 통발

물고기 눈으로 보면 통발은
인간이 만들어낸 고약한 도구다.
낚시처럼 요행도 바랄 수 없다.
갇히면 잡히거나 그 안에서 죽음을 기다려야 한다.
어린 물고기라도 빠져나갈 수 있으면 좋으련만.

등대

우리 마을회관에 TV가 놓인 것은 전기가 들어오고 몇 년 뒤인 1970년대 중반이었다. 그 전에는 한일전 축구가 있는 날이나 '박치기 왕' 김일 선수의 시합이 있는 날이면 온갖 눈치와 괄시를 받아가며 다른 마을회관을 기웃거려야 했다. 우리 마을에도 두 집이나 TV가 있었지만 하필 여자 동창생들의 집이라 접근도 하지 못했다.

그 시절 외딴 섬에서 TV를 볼 수 있는 곳은 등대가 유일했다. 인기 드라마라도 방영되는 날이면 섬 주민들은 삼삼오오 자리를 챙겨들고 등대로 향했다. 등대에서는 아예 마당에 TV를 내놓고 판을 깔아주었다. 첨단 기술의 집합소였던 등대는 TV뿐 아니라 다양한 관측 장비를 갖추고, 플래시도 유난히 크고 밝았다. 등대는 섬마을 극장이었으며, 사람들은 감기만 걸려도 등대를 찾았다. 그 당시 등대의 존재는 참으로 소중했다. 바다에서는 뱃길을 안내해주는 중요한 길잡이였던 반면, 섬에서는 육지를 향한 섬사람들의 갈증을 해소해주는 창구였다.

이런 좋은 기억과 달리, 우리나라에서 등대는 철도 및 도로와 함께 근대의 상징이며 수탈의 상징이기도 하다. 우리나라에 등대가 본격적으로 세워진 것은 대한제국기였다. 근대라는 이름이 그렇듯, 등대도 우리 필요에 의해 생긴 것은 아니다. 청일전쟁 때 일본의 군사작전에 필요해 현장조사를 처음 시작했고, 러일전쟁을 위해 만들어졌다. 1903년 인천 팔미도 등대를 시작으로 부도(1904), 거문도(1905), 우도(1906), 호미곶(1908), 말도(1908), 소리도(1910), 어청도(1912), 마라도(1915) 순서로 등대가 들어섰다. 등대를 따라 뱃길이 닿는 곳에는 어김없이 인천, 군산, 목포 등의 큰 포구가 있었고, 일본군은 이를 거점으로 면화와 쌀 등을 수탈해 본국으로 실어 날랐다.

한편 등대를 지키는 사람을 일컫는 정식 명칭은 '항로표지원'이다. 보통 사람들은 잘 모르지만, 이들이 가장 싫어하는 말이 등대지기다. 외지인에게 희망과 평화의 상징처럼 보이는 등대가 그곳을 지키는 사람들에게는 차별과 소외로 읽힌다.

◆
우리나라에는 43기의 유인등대와 519기의 무인등대가 있다.

거문도 등대

등대가 만들어지기 전에 제주에서는 밤에 배들이 무사히 마을로 돌아올 수 있도록 포구의 언덕에 돌을 쌓고 그 위에 관솔이나 생선기름, 석유를 올려 불을 피웠다. 어촌마을에서 만든 민간 등대로 도대불 혹은 등명대라고 불렀다. 제주시 조천읍 북촌리에 있는 도대불은 1915년 12월에 만들어진 것으로 가장 오래되었다.

테왁과 망시리

해녀들은 바다에 들어갈 때 칠성판*을 지고 들어간다. 삶과 죽음이 호흡지간이라 숨비소리 멈추면 죽음이다. 호-이, 참았던 숨을 가쁘게 내뱉고 호흡을 가다듬으며 내는 소리를 '숨비소리'라고 한다. 마치 휘파람 소리 같고, 40여 명의 해녀들이 함께 하는 숨비소리는 장엄하기까지 하다. 그렇게 숨을 크게 가다듬고는 2~3분가량 수심 10여 미터 바다 속으로 들어가 소라를 따고 문어를 잡는다.

이건은 〈제주풍토기〉라는 글*에, 바다에서 '나타났다 사라지고 사라졌다가 나타나는 해녀'의 이야기를 기록했다. 그들이 가지고 나온 그물망에는 '전복, 소라, 보말, 해삼, 미역' 등이 있다고 했다. 해녀들이 물에서 나와 휴식을 취하기 위해 붙드는 것이 테왁이다. 이 테왁에 망시리를 매달아놓고 채취한 해산물을 담았다.

당시에는 테왁을 박으로 만들어 '콕테왁' 또는 '두렁박'이라 불렀다. 테왁을 만들기 위한 박은 자랄 때부터 앞면과 뒷면이 평평하도록 모양을 잡아서 키웠다. 해녀들이 가슴에 안았을 때 편안해야 하기 때문이다. 다 자란 박에 동전만한 구멍을 뚫고 속을 파낸 후 그늘에서 말렸다. 그리고 송진으로 다시 구멍을 막았다. 가늘고 질기게 꼰 새끼줄로 테를 둘러서 망을 매달았다. 이렇게 정성껏 만들던 테왁이 1960년대에 들어 점차 나일론 소재로 바뀌었고, 지금은 대부분 스티로폼으로 만든 것을 쓴다.

테왁에 매다는 그물망을 망사리, 망시리, 망아리라고 한다. 옛날에는 짚이나 억새의 속잎, 자오락 등으로 만들거나, 다래나무 에움에 항아리 모양의 그물주머니를 엮어서 썼다. 그러다가 역시 1960년대에 나일론이 보급되면서 옛날 망사리는 사라졌다.

*

칠성판: 시신을 관에 넣기 전에 시체를 얹어 놓는 얇은 판.

《제주풍토기》: 이건은 조선 중기의 학자이며, 제주도에 유배되었던 시기에 〈제주풍토기〉라는 한문 수필을 썼다. 문집《규창집(葵窓集)》제5권에 수록되어 있는 글로, 17세기 제주의 풍속을 이해할 수 있는 좋은 자료다.

박으로 만든
제주 전통 테왁과 망시리

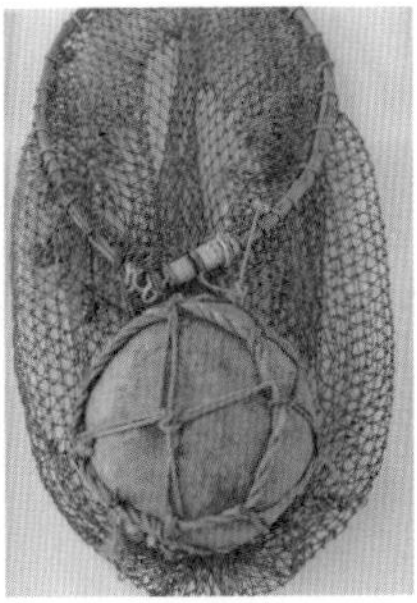

스티로폼으로 만든
요즘 테왁

불턱

불을 피우던 화로가 있던 자리에 난로가 놓였다. 난로도 석유난로에서 전기난로로 바뀌었다. 그 사이 어머니의 얼굴에는 주름이 늘고 허리는 굽었다. 옆에서 누가 도와주지 않으면 입기도 벗기도 사납던 고무 옷이 헐겁고 커졌다. 바다밭은 예전 같지 않아 전복 하나 따기 힘들고 성게만 무성하다. 어쩌다 문어라도 한 마리 잡는 날이면 운수대통이다. 옆자리에 앉았던 고 씨 할망이 지난해 갔고, 김 씨도 더 이상 물질을 하지 못한다. 불턱에 모이는 사람이 하나둘 줄어간다.

불턱은 해녀들이 물질을 하기 위해 옷을 갈아입거나 무자맥질을 하다가 언 몸을 녹이기 위해 불을 지피던 나지막한 자리로 '불톡'이라고도 한다. 바닷가에 동그랗거나 네모지게 돌을 쌓아놓고 그 안에 불을 피웠다. 옛날에 해녀들이 물소중기◆를 입고 물질을 할 때는 물속에 오래 있지를 못해서 불턱으로 나와 몸을 녹이고 다시 들어가고는 했다. 배물질◆을 할 때는 배 위에서도 언 몸을 녹이기 위해 불을 피웠다. 그러나 1970년대 들어 고무 옷이 물소중기를 대신하면서 작업시간이 길어져 불턱의 역할이 줄어들었다. 이후 현대식 탈의장이 생기기 시작하면서 재래식 불턱은 쓰임새를 잃었다.

과거에는 불턱에 테왁, 망사리, 짓창◆, 호멩이◆ 등의 물질 도구와 '지들커'라 부르는 땔감을 가지고 갔다. 해녀들이 애기구덕◆에 눕힌 갓난아이에게 젖을 물리고 집안의 대소사를 의논하기도 했다.

◆

물소중기: 과거에 해녀들이 입던 옷이다. 물소중기 외에 물적삼, 물체가 있다. 하의인 물소중기는 입고 벗기 좋게 옆트임이 되어 있어 몸과 체형의 변화에 맞게 조절할 수 있다. 조선시대에는 무명으로, 일제강점기에는 광목에 검정 물을 들여서 지어 입었다. 물적삼은 물소중기 위에 입는 무명 상의이며, 물체는 무명천에 솜을 넣어 누빈 망토 같은 것으로 불턱에 나왔을 때 어깨를 덮는 용도였다.

배물질: 배를 타고 큰 바다에서 물질을 하는 것. 바닷가에서 하는 물질은 '갓물질'이라 한다.

짓창: 전복을 따는 데 쓰는 도구.

호멩이: 호미의 제주 말.

애기구덕: 대나무를 쪼개서 직사각형으로 만든 아이 요람이다. 제주에서는 아이를 낳아 사흘 뒤부터 세 살 때까지 구덕에서 키웠다.

소금밭

바닷물이 햇볕과 바람을 만나면 소금이 된다. 천일염이다. 소금꽃이다. 바다의 기억을 잊어야만 피는 꽃이다. '바다의 눈물'이 마르고 '바다의 상처'가 아물면 딱딱한 소금이 된다.

소금이 / 바다의 상처라는 걸 / 아는 사람은 많지 않다
소금이 / 바다의 아픔이라는 걸 / 아는 사람은 많지 않다
세상의 모든 식탁 위에서 / 흰 눈처럼 / 소금이 떨어져 내릴 때
그것이 바다의 눈물이라는 걸 / 아는 사람은 많지 않다

– 류시화의 시, 〈소금〉 중에서

소금은 바닷물을 뭍에 끌어들여 10여 단계에 이르는 과정을 거쳐서 30여 일만에 만들어진다. 그 과정에 비라도 올라치면 얼마나 더 걸리게 될지 모른다. 염도 3도의 바닷물을 27~28도의 짠물로 만들어 결정지*에 올리고 이틀이나 사흘은 기다려야 소금꽃이 피기 시작한다. 이를 두고 '소금이 온다.'고 한다. 부지런한 염부는 겨울에 짠물을 만들어 보관하며 봄을 기다린다. 소금꽃이 수 천 수 만 번 바다의 기억을 되새김질하다 자리를 잡고 열매를 맺는다. 소금은 만들어지는 것이 아니라 오는 것이다. 귀한 천일염이 탄생한다. 좋은 소금은 모셔야 온다.

옛날에는 결정지에 아무것도 깔지 않고 갯벌을 다져서 이용했다. 이를 토판이라고 한다. 이후 옹기 조각, 타일판, 장판 등으로 바뀌었다. 지금은 장판이 많고 일부 지역에서 타일판을 사용한다. 소금이 식품으로 등록된 후에 결정지 바닥 소재도 친환경으로 개량되고 있다. 장판에서 만든 소금은 알갱이가 굵어 김장이나 장을 담글 때 좋다. 타일판 소금은 그보다 알갱이가 가늘며 젓갈을 담글 때나 겉절이를 할 때 좋다. 아토피 치료 등의 특별한 목적으로 전통 소금을 찾는다면 토판 소금이 좋다. 그러나 토판 소금은 생산량이 적고 노동력도 많이 드는 것에 비해 찾는 사람이 적고 노력에 합당한 가격도 형성되지 않아 지금은 생산자가 많지 않다.

*
증발된 짠물을 소금으로 만드는 마지막 단계의 염전공간이다. 염전공간은 저수지, 제1증발지, 제2증발지, 결정지로 구성되어 있다. 바닷물은 바다에서 저수지로, 증발지로, 결정지로 이동하며 더욱 짠물로 바뀐다.

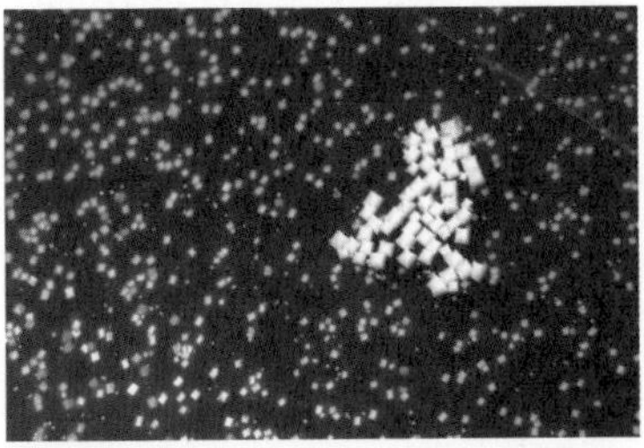

장판 소금

타일판 소금

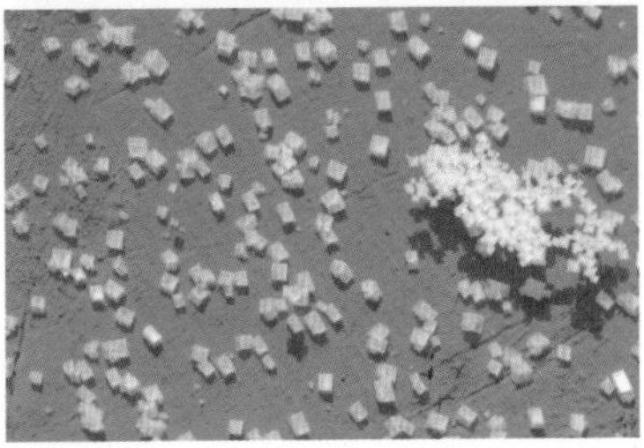

토판 소금

제주도에서는 소금밭을 '소금빌레'라고 부른다. 빌레는 용암이 굳어서 형성된 '너럭바위'를 일컫는 제주 말이다. 제주시 애월읍의 구엄 마을은 특히 빌레가 발달했다. 놀라운 것은 인근 오름에서 가져온 흙으로 '두렁'이라는 한 뼘 남짓 높이로 둑을 쌓아 소금밭을 만들었다는 점이다. 여기에 허벅으로 바닷물을 지어 올려서 햇볕과 바람에 증발시켜 '돌소금'을 얻었다. 돌소금 1되는 보리 2되와 물물교환이 될 정도로 귀했다.

바다밭

홍도여행의 백미는 배를 타고 기암절경을 구경하는 것이다. 유람선 해설사들이 걸쭉한 입담으로 해식애와 시스텍 등 지형에 얽힌 이름과 스토리를 만들어낸다. 그런데 고개 숙여 조간대를 살피면 바위마다 하얗고 둥근 점들이 몇 개씩 찍혀 있는 것을 볼 수 있다. 점이 한 개와 두 개, 두 개와 세 개, 세 개와 한 개 등 규칙적으로 찍혀 무슨 암호인가 싶다. 실제로 이 점들은 마을 주민들이 자신들의 미역 채취 구간을 표시해놓은 것이다. 유람선 해설사들은 멋진 풍경과 지어낸 이야기에 목소리를 높일 뿐, 이런 설명을 해주지 않는다. 만약 이런 소소한 섬살이의 흔적들을 스토리텔링으로 만들어 들려준다면 선창에서 파는 미역과 톳과 가사리가 남아나지 않을 것이다. 이런 게 진짜 생태여행의 시작이 아닐까?

홍도 갯바위의 미역 채취 구간 표시

전라남도의 고흥 남성리, 장흥 여다지, 여수 율촌, 경상남도 고성 자란도 해안에서는 주민들이 똑같은 크기로 혹은 능력에 따라 갯벌을 나누어 운영하고 있다. 바지락밭이나 굴밭을 마을 호수를 고려해 나누어놓은 것이다. 이런 곳은 다른 곳보다 집값이 비싸다. 집 한 채에 갯밭이 하나씩 묶여 있기 때문이다. 제주도 건립동에서는 해안에 바다밭 경계표시석을 세우고 '庚子5月巾入上洞魚採契中書'라고 새겨 놓았다. 농민들이 논밭에 농사를 짓듯 어민들도 바다와 갯벌과 갯바위에 농사를 짓는다. 그러니 해안에서 바지락, 소라, 미역 등을 함부로 뜯어가서는 안 된다.

고성 자란도 바지락밭

고흥 남성리 바지락밭

멸치야 고마워

한때 돌미역으로 먹고살았던 작은 섬이 곧 무인도가 될 것 같았다. 뻣뻣한 돌미역 대신 부드러운 양식미역이 도시인의 입맛을 사로잡자 많은 주민이 일손을 놓고 도시로 직장과 학교를 찾아 떠났다. 그러나 섬살이만 녹록치 않았겠는가. 배운 기술도 없고 가진 돈도 없으니 도시살이는 더욱 힘에 부쳤다.

시간이 한참 흘러 도시로 떠났던 사람들 중에 다시 고향을 기웃거리는 이들이 생겨났다. 더 이상 미역을 뜯어 살 수는 없지만 어떻게 알았는지 멸치가 알을 낳기 위해 거친 바다를 헤쳐 작은 섬 주변으로 모여들었다. 멸치 덕분에 떠나려던 사람 다시 머물고, 직장 잃은 사람들이 돌아왔다. 작은 섬이 풍요로워졌다.

이 섬에서는 멸치가 살림 밑천이다.
고맙다, 멸치야.

part 3

섬 · 일

낙지를 잡는 방법이 무려 열 가지다.
숭어는 눈에 막이 잔뜩 끼어 앞을 못 보는 봄철에
작은 배 대여섯 척이 몰아서 잡는 숭어들이가 볼 만하다.
해녀의 물질에도 등급이 있다.
남해 죽방멸치가 맛이 좋고 값도 비싼 것은 물고기들에게
스트레스를 덜 주는 전통 어법을 따르기 때문이다.
갯벌 간척으로 백합이 줄어들자
물속 그레질로 '물백합'을 잡는 능력이 대접받았다.
그뿐인가. 섬에서 하는 모든 노동은
실력을 속일 수 없고 대가가 정직하게 돌아온다.

미역 베기

모 한 포기 심을 논도 없고 밭이라고 해야 비탈져 허리를 펴고 서 있을 수도 없는 섬에도 사람이 산다. 무엇을 먹고 어떻게 사느냐. 미역밭을 일구며 산다. 뭍사람들에게는 생소하게 들릴지 모르지만 이들에게 갯바위는 집 앞의 텃밭과도 같다.

예부터 미역밭을 곽암, 곽전이라 불러 귀하게 관리했다. 지금도 갯바위 미역을 뜯어 돈을 만들지만 옛날에는 화폐나 다름없었다. 애들 학자금이 필요할 때 미역 몇 뭇을 챙겨서 객주에게 보내면 돈을 내주고, 명절에 소나 돼지를 잡을 일이 있을 때도 다음해 미역철에 추렴하기로 하고 세찬을 마련했다. 조선시대에도 곽전의 가치는 높았던 모양이다. 선세, 어전세, 염세와 함께 국가 재원을 마련하기 위해 세금을 매겼다. 왕실이나 권문세도가에게 조세 걷을 권리를 부여해 미역바위를 내주기도 했다. 자연산 돌미역이 바로 이런 미역바위에서 딴 것이다.

돌미역 하면 진도곽이 유명하다. 조도의 독거도, 곽도, 맹골도, 서거차도, 동거차도, 관매도 등 진도군에 딸린 셀 수도 없이 많은 섬들이 자연산 돌미역의 주요 산지다. 그뿐인가. 신안의 가거도, 만재도, 홍도, 흑산도, 그리고 동해의 울진 고포, 포항 감포도 전통적인 미역 산지다. 이들 지역에서는 겨울이면 갯바위를 깨끗하게 닦는다. 주민들이 직접 만든 도구로 갯바위에 자리 잡은 해초들을 긁어내고 미역 포자가 붙을 새 자리를 마련한다. 그 뒤로 봄여름에 거둬들이는 수확량이 엄청나다. 조도에 딸린 독거도에서는 여름철에 다 자란 미역이 햇볕에 노출되어 데쳐지지 않도록 주기적으로 물주는 작업도 한다. 고추밭에 물을 주는 것과 다르지 않으니 과연 미역밭이라 부를 만하다.

뭍에서라면 일은 고사하고 밥도 혼자서 해먹기 어려운 노인들도 섬에서는 미역밭을 지키는 것만으로 자식들에게 손 벌리지 않고, 국가의 복지 정책에 의존하지 않고도 살아간다. 섬을 지키는 것도, 지킬 수 있는 것도 다 미역밭 때문이니 미역바위에 큰절이라도 올려야 할 판이다. 낚시꾼이나 여행객이 이런 사정을 어찌 알겠는가. 낚싯대 들고 왔다가 입질이 없으면 갯바위에서 미역, 톳, 홍합을 걷어가기 일쑤고 아예 이를 목적으로 섬을 찾는 여행객도 있다. 남의 밭에서 마늘과 고추를 훑어가는 것과 다를 바 없는 일이다. 모르는 것이 약은 아니다.

● 자연산 돌미역을 만드는 과정 ●

1. 바위 닦기

거칠고 험한 바다에서 바위에 뿌리를 박고 자라는 미역은 잎이 넓적하지 않고 가늘고 질기다. 울진에서는 입동 무렵, 진도에서는 설 무렵에 미역바위에서 홍합, 따개비, 해초 등을 걷어내고 바위 닦는 작업을 한다. 포항에서는 해녀들이 물질을 하며 바다 속 바위를 닦기도 한다. 이런 작업을 울진에서는 '기세 닦기'라고 하며, 미역 풍년을 기원하는 '짬 고사'를 지내기도 한다.

2. 물주며 키우기

미역 포자가 바위에 붙어 어느 정도 자라면 물주기를 해야 한다. 진도군 조도의 작은 섬에서는 여름철 사리에 미역바위가 밖으로 드러나면 어민들이 물이 들 때까지 돌아가면서 바가지로 물을 주어 미역이 마르지 않게 한다.

3. 미역 채취

잘 키운 미역을 이르면 봄에, 늦으면 여름과 가을에 채취한다. 수온에 따라 자라는 시기가 다 다르다. 미역 채취에는 낫을 이용하는데, 제주에서는 날 폭이 좁고 자루가 가벼운 미역 베기용 낫을 '종개낫'이라고 불렀다.

4. 분배하기

구간별로 자기 몫이 정해진 마을에서는 각자 채취하지만 공동어장이라면 한 집에서 한두 사람씩 참여해 함께 채취하고 똑같이 분배하는 것이 전통이다. 개인별로 채취하는 경우 미역밭의 구간을 정해 매년 순환하면서 관리하는데, 진도군 곽도에서는 참여한 가구 수만큼 모둠을 만들고 신발을 한 짝씩 던져서 떨어진 곳에 가까운 미역 모둠을 차지하게 한다.

5. 미역 가닥 틀에 잘라서 널기

돌미역의 품질을 높이려면 미역 가닥을 잘 만들어야 한다. 채취보다 더 힘든 것이 가닥 만들기이다. 일단 미역을 미역 틀에 올려놓고 모양을 잡는다. 이런 날은 마을 사람은 물론이고 외지에서도 사람을 사와서 일을 하고, 뭍에 있는 가족들도 모두 불러들인다. 가닥은 두껍게, 얇게, 길게, 짧게 등 주문에 따라 만들기도 한다. 값도 다양하다.

6. 말리기

미역을 말릴 때는 햇볕이 잘 들고 바람이 잘 부는 곳이 좋다. 미역 틀의 한쪽에 벽돌이나 나뭇가지를 괴어 볕도 잘 받고 바람이 통하게 한다. 신안 만재도나 태도에서는 학교 수업을 하다가 비가 오면 중단하고 아이들이 널어놓은 미역을 걷기 위해 바닷가로 달려가곤 한다.

미역밭에서 쓰는 도구들

진도에서는 미역바위를 닦는 도구를 따깨리라 하고, 물주는 도구는 바가지라고 한다. 바다에서 서서 일하기 편하도록 긴 장대를 연결해 사용한다. 포항에서는 낫대와 씰개로 미역바위를 닦는 작업을 한다.

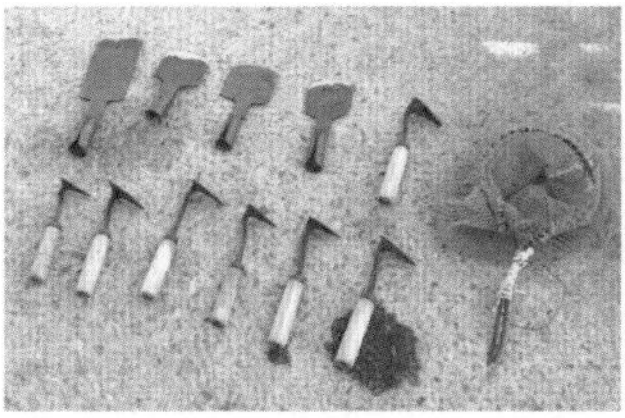

감태 매기

봄은 북서계절풍이 부는 엄동설한에 갯벌에서부터 시작된다. 뭍에 쑥이 있다면 갯벌과 바다에는 감태가 있다. 매생이보다 굵고 파래보다 가느다란 감태는 녹조류 갈파래과에 속한다. 본래 이름은 가시파래이지만 감태, 감투, 감퇴라고 불린다. 끝을 가늠할 수 없이 가늘고 긴 감태를 둘둘 감아서 내놓아 '감태'라고 했다는데, 그보다는 단맛 때문에 붙여졌을 가능성이 높다.

감태는 민물이 들어오는 오염되지 않은 갯벌에서 잘 자라기에 옛날에는 흔했지만 지금은 귀하다. 과거에는 김 양식장에서 파래, 매생이와 함께 잡태로 취급되었다. 밭농사로 말하면 잡초에 해당한 것이다. 소비자들이 잡태 없는 깨끗한 김을 원했기에 약품으로 모두 제거당해야 했던 흑역사도 있다. 그런데 지금은 몸에 좋다고 소문이 나서 감태나 파래 섞인 김을 찾는 사람이 오히려 늘고 있으니, 세상 참 오래 살고 볼 일이다.

감태는 걷기 힘들 만큼 발이 푹푹 빠지는 갯벌을 걸어 다니며, 모내기한 논에서 풀을 매듯 손으로 뜯어야 한다. 갈퀴처럼 생긴 도구를 이용하기도 하지만 손가락보다 더 좋은 게 어디 있으랴. 그래서 '감태를 맨다.'고 한다. 갯벌에 엎드려 고둥처럼 기어 다니듯 작업하다 보면, 아무리 매서운 추위에도 얼굴이 붉어지고 등에 땀이 난다. 감태는 거친 뿌리 쪽보다 부드러운 윗부분의 식감이 좋다. 채취한 감태를 바닷물에 몇 차례 헹궈서 뻘을 제거한 뒤 흐르는 민물에 다시 씻은 다음, 주먹만 하게 감아서 냉동실에 보관해두면 1년 내내 먹을 수 있다.

옛날에는 부산 가덕도, 경남 사천 지역에도 많았지만 간척과 매립, 환경오염으로 거의 사라졌다. 지금은 전남 장흥, 완도, 강진, 무안과 신안 지역 갯벌에서 자라고 있다. 특히 무안군 망운면 일대의 감태를 최고로 치는데, 뻘이 좋고 깨끗해서 세발낙지도 유명한 곳이다. 이밖에 완도군 고금갯벌, 신안군 안좌갯벌에서 자라는 감태가 상급에 든다.

감태서리 왔어요

섬이라고 모두 물고기를 잡거나 갯것을 잡아서 생활하는 것은 아니다. 물일보다 논농사 밭농사를 더 많이 하는 마을도 있다. 둘러봐야 바다라고는 코빼기도 보이지 않는 마을도 있고, 바닷가이지만 생선 구경하기 힘든 곳도 있다. 이런 곳을 두고 '산중해변'이라 한다. 청산도의 부흥리, 양지리, 신풍리가 바로 산중해변들이다.

햇볕이 좋은 겨울에 양지리 어머니들이 도락리 갯가로 감태를 매러 나왔다. 원래는 남의 마을 갯가에서 해초를 뜯거나 고둥을 잡을 수 없지만 주민들이 작업을 마친 뒤에 반찬거리로 줍는 것은 눈감아준다. 고구마 양파를 캐고 난 밭에서 남들이 남은 이삭 줍는 것을 탓하지 않는 것과 같다. 산중해변에 사는 양지리 어머니들은 감태 이삭을 줍기 위해 양지바른 곳에 앉아서 물이 빠지기를 기다리고 있다. 무엇하러 오셨냐는 질문에 '감태서리' 하러 왔다며 활짝 웃는다. 옷차림도 갯일이 아니라 보리밭에 나가는 모양새다.

김 농사

김 농사 짓는 것을 보면 벼농사와 똑같다. 농부들이 볍씨나락에서부터 새싹을 틔우듯 김도 씨앗(포자)을 발아시켜 김발에 붙인다. 그 김발을 몇 개 묶어서 조류가 안정된 깨끗한 바다에 넣어두고 자라기를 기다린다. 이는 마치 벼농사를 짓기 전에 싹부터 틔워 못자리에서 키우는 것과 같다. 어느 정도 자라면 모내기와 같은 일을 한다. 김발에 김이 몇 센티미터 정도 자라면 한 개씩 수심이 깊은 김 양식장으로 옮긴다. 좋은 김을 얻으려면 물속에 넣어두기만 해서는 안 되고, 가끔 햇볕도 쬐어줘야 한다. 그렇게 한 달여 키운 후에 바다에서 물김을 채취한다.

겨울 첫새벽에 갯바람에 맞서 김을 훑어 오는 일은 정말 힘들다. 이 일은 주로 아버지와 어머니 몫이지만 김을 가져와서 깨끗하게 씻고 자르고 뜨고 널어서 한 장 한 장의 김을 완성하기까지 이루어지는 가족노동도 힘들기는 매한가지다.

김은 우리나라에서 가장 오래된 양식업 종목이자 전통적으로 즐겨먹는 가공수산물이다. 지금은 공장에서 가공해 건조한 김을 주로 내다팔지만 옛날에는 집에서 직접 가공했다. 채취한 김을 깨끗하게 씻고 칼로 다진 후 김발에 떠서 덕장에 넌다. 이렇게 만든 김을 100장씩 묶어 한 톳이라 하고, 좋은 김 나쁜 김을 가려 송죽매로 등급을 매겨 팔았다.

송 등급을 받은 최고 품질의 김은 40여 년 전에도 한 톳에 오천 원을 호가했다. 요즘 김 값과 맞먹으니 당시의 김 시세가 얼마나 좋았는지 가늠할 수 있다. 오죽하면 김 농사를 많이 짓는 완도에서는 '개도 만 원짜리를 물고 다닌다.'는 말이 나돌았을까. 학교 선생을 하겠다고 초임 발령을 받아 고향에 내려온 동생의 월급명세서를 보고 형이 그만두라 해서 같이 김 농사를 지었다는 어민도 있었다. 격세지감이 느껴지지만 그리 먼 이야기도 아니다.

매생이 양식

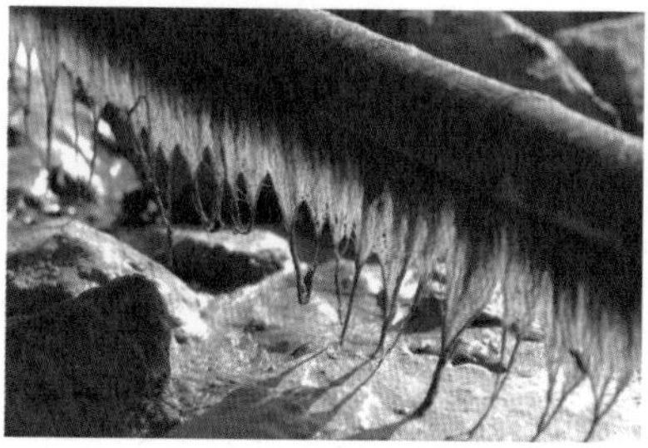

지주식 김 양식을 많이 하던 옛날에는 매생이 역시 김 값을 떨어뜨리는 천덕꾸러기였다. 매생이가 섞인 김은 송죽매 등급에도 들지 못했다. 그러다 보니 어민들은 갯벌에 염산을 뿌려서 매생이를 모두 제거했다. 매생이는 염산의 '염'자만 들어도 삼십육계 줄행랑을 칠 정도로 산에 약했으며, 오염된 곳에서는 자라지도 않는 연안 환경의 깃대종이었다.

비록 어민들에게 '웬수' 소리는 들었을지언정 완도, 강진, 해남 등 남도 일부 지역에서는 겨울철에 석화를 넣고 끓인 매생이국, 매생이김치, 매생이전 등을 별미로 즐겼다. 김대중 대통령 시절에 한정식 집에 처음 매생이가 선보이더니 웰빙 식품으로 알려지면서 서울 사람들에게 큰 인기를 끌었다. 자연히 소비가 늘자 완도 약산, 고금, 강진 마량, 장흥 회진 지역에서 본격적으로 매생이 양식을 시작했다.

이제는 김발 대신에 할 수 있다면 매생이발을 넌다. 상황이 역전되어 채취한 매생이에 섞인 김을 하나씩 추려내고 있다. 이제는 매생이 양식을 하는 어민들에게 김이 웬수다. 왜 그렇지 않겠는가. 김 한 톳을 만들기 위해서는 채취부터 가공까지 정말 많은 손을 거치는데 가공료, 수수료, 연료비 등을 제하면 정작 어민에게 떨어지는 수입은 몇 푼 안 된다. 반면에 매생이는 가까운 바다에서 양식을 하며 직접 채취해서 가공까지 할 수 있으니 추가 부담이 적다. 비쌀 때는 주먹만 한 매생이 한 재기가 김 한 톳 값이니 수익성도 좋은 편이다. 김 양식을 할 수 없다고 가까운 바다를 훼손하거나 매립해서 농지로 만들어버린 마을들은 땅을 치고 통곡할 일이다.

물질

제주 바닷가에서는 여자가 걸을 줄만 알면 물질을 배우기 시작했다고 한다. 물질은 배를 타고 멀리 나가서 하는 배물질, 바닷가에서 하는 갓물질이 있으며, 물질하는 능력에 따라 상군, 중군, 하군, 똥군 해녀로 구분했다. 상군 해녀는 주로 배물질을 하고, 할망이나 어린 해녀는 갓물질을 맡았다. 나이든 할망을 위해 할망바당을 따로 두고 생활할 수 있도록 배려하기도 했고, 기성회비나 마을 경비를 해녀들이 물질한 몫으로 해결하기도 했다. 어린 해녀에게는 상군들이 미역을 한 주먹씩 나눠주는 배려도 있었다. 이를 '게석'이라 했다.

해녀들은 혼자서 물질을 나가지 않는다. 몇 명이서 함께 나간다. 물질을 할 때도 늘 주변에서 함께 물질하는 해녀와 눈을 맞추고 몸짓으로 대화를 나눈다. 동료의 숨비소리가 들리지 않거나 나와야 할 때 물속에서 기척이 없는 것을 체크하기 위함이다. 그래서 벗이다. 바다에서 경쟁자이자 위험할 때 가장 먼저 달려와 주는 벗이다.

해녀들은 '혼백상자 등에 지고 가슴 앞에 두렁박 차고'◆ 한 길 두 길 물속으로 들어간다. 이들에게 허용된 물질 수심은 15미터 이내다. 숨비소리도 잊고 손바닥만 한 전복에 욕심을 내다 일찍 생을 마감한 해녀도 있다. 물질은 젊은 사람에게도 힘든 노동이다. 그래서 물질하는 제주 여성들은 곧잘 소에 비유된다. '소로 못 태어나니까 여자로 태어났지(쉐로 못 나난 여ᄌᆞ로 낫쥬)' '여자로 태어나기보다는 소로 태어나는 것이 낫지(여ᄌᆞ로 나느니 쉐로 나쥬)' '잠수 먹성은 밭가는 소 먹성(좀수 머긋 발갈쉐 머긋)'이라 했다. 섬에서 여자가 해야 할 일은 소가 맡은 일만큼이나 많았다.

옛날에 해녀들은 주로 미역과 우뭇가사리를 채취했지만 점차 전복과 해삼으로 바뀌었다. 미역은 양식이 보편화되면서 가치가 떨어졌고 전복도 점차 가두리 양식으로 대체되었다. 지금은 중국 수출을 위해 해삼을 많이 채취한다. 연안의 어족자원이 고갈되면서 어린 전복이나 해삼을 바다에 넣어 가른 다음 해녀들이 다시 잡는 형태도 많아졌다.

◆
제주도해녀박물관에서 발행한 해녀 노래 자료집
〈이어이여 이여도 사나〉에 실린 노랫말.

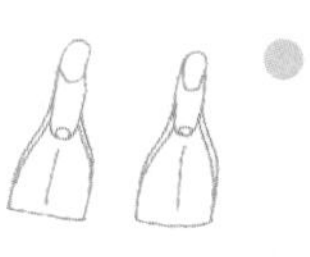

삼대조새와 굴 까기

백발의 할머니가 굴막◆에서 조새로 굴을 깐다. 젊은 새댁이 그 옆에 앉아서 굴을 깐다. 새댁은 할머니의 손자며느리다. 이매패류인 굴은 관자가 붙어 있어서 조새에 붙은 꼬챙이로 찍어 비틀면서 까야 하는데 보기만큼 쉽지가 않다. 경험보다 중요한 것은 없다. 할머니는 이웃마을에서 스무 살도 못 되어 시집왔으니 굴막 인생 60년이 다 되어간다.

"여기 뿌리를 콕 찍어 돌려야 한다. 이렇게 비틀어라."

할머니가 손자며느리의 굴 까는 모습을 물끄러미 바라보다가 방법을 일러준다. 손자며느리는 할머니의 주문대로 해보지만 번번이 실패한다. 몇 번을 찍어대는 통에 깐 굴들이 상처투성이다. 그래도 할머니 얼굴엔 웃음이 가득하다.

손자며느리 옆 빈자리에도 조새가 하나 더 있다. 며느리 것이다. 손자며느리가 들어와 자리를 잡은 뒤로 며느리의 바깥 일이 많아졌다. 며느리가 젊을 때는 시집살이깨나 시켰지만 손자며느리가 들어온 뒤로는 할머니의 잔소리도 줄었다.

일을 멈추고 잠깐 간식을 먹는 사이에 손자며느리, 며느리, 할머니 이렇게 삼대의 조새를 한곳에 모아 사진을 찍었다. 할머니 조새는 반질반질 기름칠을 한 것처럼 윤이 난다. 손잡이가 닳아 아예 손가락 모양으로 홈이 파였다. 며느리 조새도 손잡이가 닳았지만 요즘 작업을 하지 않은 티가 역력하다. 손자며느리 조새는 아직 새것처럼 매끈하지만 할머니 곁에서 열심히 노력한 흔적이 보인다.

잠시 후 며느리가 돌아와 굴막에 앉았다. 오랜만에 삼대가 모여 굴을 깐다. 할머니가 세 개를 깔 때 며느리는 두 개, 손자며느리는 한 개도 까기 힘들어한다.

◆
겨울에 굴을 까는 장소. 추위를 피하기 위해 비닐로 집을 지어놓고 양식장에서 굴을 가져와 하루 종일 깐다.

백합과 물백합

큰 물고기가 깊은 바다에서 놀듯이, 알이 굵은 백합은 바닥이 드러나지 않는 물속 갯벌에서 산다. 물이 빠진 뒤 호미나 그레로 갯벌 속의 백합을 캐는 것이 이치이지만 몇 년 묵은 큰 백합을 잡으려면 물속에서 하는 그레질에 능숙해야 한다. 갯벌에서 백합 잡기도 쉽지 않은데 물속까지 그레를 끌어 백합을 잡는 것은 경험이 많아야 가능한 일이다. 이렇게 물속에서 잡은 백합을 '물백합'이라고 한다. 물 빠진 갯벌에서 잡히는 양이 충분하면 굳이 물속에 들어가 잡을 일도 없겠지만, 백합이 점점 줄고 값도 비싸지니 욕심을 부리는 사람이 많아진다.

백합은 상합, 생합, 대합, 피합, 참조개 등으로 불린다. 백가지 무늬가 있는 조개라 해서 이름이 백합인데, 자세히 보면 그 무늬가 꽃보다 아름답다. 또한 백합의 생명력은 고래심줄처럼 질기다. 같은 조개류라도 동죽은 하루만 지나도 썩은 냄새가 나기 시작하고 바지락은 그보다 조금 긴 정도다. 백합은 바지락보다도 훨씬 길게 살며, 상하기 시작하면 입을 벌린다. 예전에 계화도 사람들은 냉장 시설이 변변치 못할 때 백합 자루를 문지방에 놓고 오가며 지그시 밟아주었다고 한다. 그러면 입을 벌리려던 백합이 정신을 차리고 더 오래 살았다는 것이다. 돌아보면 섬사람들의 삶도 그랬다.

조개 캐기

서너 번 호미질에 가무락 한 개, 동죽 두 개. 약속이나 한 듯이 조개들이 얼굴을 내민다. 끝이 보이지 않는 갯벌에서 어디에 조개가 숨어 있는지 어찌 저리 잘 알까. 잠시 만에 그릇이 가득하다. 가져온 그릇을 채우자 어머니는 자리를 털고 일어났다. 그런데 걸음걸이가 이상하다. 조개를 캘 때는 전혀 느끼지 못했는데.

선창에서 포장마차를 하는 주민이 일러줬다. 그 어머니 다리가 불편한데 갯벌에만 나가면 날아다닌다고. 조개도 가장 크고 실한 것만 골라서 재빨리 한 바구니를 채운다고. 가장 행복해 보일 때가 갯벌에서 조개를 캘 때라고.

섬사람들에게 갯벌은 그냥 일터가 아니고, 조개는 그냥 먹거리가 아니다. 외로운 섬살이에 말벗이자 친구가 되어주고 불편한 삶을 이끌어주는 평생 멘토다. 다리가 성치 않은 어머니에게도 갯벌을 걷는 일이 불편이 아니라 기쁨이고 행복이었을 것이다.

경험과학

전라북도 고창의 한 어촌 마을에서 있었던 일이다. 주민 대표가 갯벌체험을 하러 온 여행객들에게 주의사항을 알려주었다. 으레 하는 이야기려니 생각하며 귓전으로 흘려듣다가 귀가 솔깃해졌다.

"바지락을 캘 때는 긁지 말고 흙을 콕 찍어서 뒤집으세요."

이건 무슨 말인가. 긁지 말라니.

"지금이 바지락 산란철이에요. 흙을 긁으면 어린 바지락이 햇볕에 노출되었다가 다시 들어가지 못합니다. 큰 바지락은 혼자 힘으로 갯벌을 헤집고 들어갈 수 있지만 어린 바지락은 죽습니다."

아하, 그렇구나. 주민들은 바지락이 산란하는 장소에서는 호미질도 하지 않는다. 하지만 체험객들이 그곳을 어찌 가리겠는가. 궁여지책으로 생각해낸 것이 흙을 긁지 말고 뒤집어서 바지락만 줍고 제자리에 덮어두라는 이야기다.

이런 일도 있었다. 경기만의 한 갯벌에서다. 따뜻한 봄 주말에 역시 갯벌체험을 하러 온 사람들로 갯벌 입구가 혼잡했다. 어촌계장이 마이크를 잡고 말했다.

"우리 마을은 하루에 100명 이상은 체험을 받지 않습니다. 그 이상 들어가면 갯벌이 숨을 쉴 수 없습니다. 바지락도 죽고, 칠게도 죽고, 가무락도 죽습니다. 접수하시면 순서대로 원하는 날짜에 체험할 수 있도록 알려드리겠습니다."

나중에 조용히 어촌계장을 만나서 무슨 기준으로 100명이냐고 물었다. 생태자원을 이용하는 적정인원을 어떻게 판단하고 결정하는지, 평소에 정말 궁금했던 터였다. 그런데 돌아온 대답이 의외로 간단했다.

"우리 마을에 가장 많은 사람이 거주할 때가 100가구였어요. 그때는 모두 갯벌에 기대 살았죠, 문제없이."

나는 여태껏 어떤 과학자로부터도 이처럼 명쾌한 답을 들어본 일이 없다. 마을에 가장 많은 사람이 살았던 때를 기준으로 하면, 분명히 갯벌을 환경용량* 에서 벗어나지 않게 관리할 수 있을 것이다.

*

환경용량(carrying capacity)이란 한 생태계에서 개체군의 수 혹은 밀도가 증가할 수 있는 최대치를 말하며 보통 K 단위로 표시한다. 자연환경이 자정작용을 통해 생활 수준을 유지하고 자원을 재생산할 수 있는 능력을 보여주는 수치다. 이를 넘어서면 환경오염으로 이어진다.

가리맛 뽑기

가리맛은 그 모양이 꼭 휴대용 접이 칼 같아서 외국에서는 '잭나이프 조개'라고 부른다. 우리나라 전체 생산량의 90퍼센트 이상을 전남 지역 갯벌에서 채취하며 여자만과 득량만이 주 서식지다.

가리맛은 보통 갯벌 표면으로부터 30~40센티미터 깊이에서 서식하지만 심한 경우 60센티미터 깊이에서도 삽 한 질 정도는 더 파고들어가야 만날 수 있다. 그래서 뻘에 개흙을 묻히거나, 삽자루가 갯벌에 닿을 정도로 깊숙이 파고들어야 잡을 수 있다. 펄갯벌에서는 삽질이 쉽지 않으므로 구멍을 확인한 후 손을 집어넣어서 잡고, 모래갯벌에서는 삽으로 구멍을 파서 잡는다. 과거 백합이 많이 나오던 새만금의 모래갯벌이 방조제 공사로 인해 뻘이 많은 갯벌로 바뀌면서 한동안은 백합보다 가리맛이 더 많이 잡혔다. 자연환경이 바뀌면 사는 생물도 자리를 바꾼다.

꼬막 캐기

꼬막은 보통 참꼬막, 새꼬막, 피꼬막으로 구분한다. 참꼬막은 전라도 제사상에 반드시 갖춰야 할 제물이라 '제사꼬막'이라고 부른다. 그에 반해 상에 오르지 못하는 새꼬막을 '똥꼬막'이라 불렀는데, 요즘은 비싼 참꼬막 대신 새꼬막이 제사상에 오르는 경우가 많다. 참꼬막은 물이 빠진 갯벌에서 잡고, 새꼬막은 참꼬막보다 더 깊은 곳에 살기 때문에 배에 형망이라는 어구를 연결해 끌면서 건져 올린다.

참꼬막을 잡는 방법은 두 가지다. 일단 꼬막이 많은 곳까지 뻘배를 타고 도착한 다음, 뻘배 위에 물동이를 엎은 후 똬리를 얹고 그곳에 가슴을 대고서 양손으로 뻘을 휘저으며 잡는다. 갯벌에 엎드려 두 손을 저어가며 꼬막을 잡는 모습을 멀리서 보면 마치 저어새가 먹이를 찾아 부리를 휘젓는 것과 비슷해 보인다. 두 번째는 뻘배 앞에 밀대를 걸어 갯벌을 훑고 지나가면서 잡는 방법이다. 밀대는 긴 판자에 갈퀴 같은 철사를 박아서 갯벌을 긁을 수 있도록 만든 도구로, 수시로 자리에서 일어나 밀대에 걸려든 꼬막을 바구니에 털어 담으며 작업해야 한다.

왼쪽부터 새꼬막, 참꼬막, 피꼬막

칠게 잡이

처음 보는 모습이라면 무슨 일을 하는지 몰랐을 것이다. 안개가 자욱한 겨울 새벽에 부부가 맞춘 듯 노란 뻘장화를 신고서 갯벌에 서 있다. 남편은 허리에 줄을 달아 고무대야를 끌고 아내는 작은 플라스틱 바구니를 옆에 놓고서 허리를 굽혀 갯벌을 뚫어져라 응시하다가 재빠르게 구멍을 공략한다. 그렇게 해서 이들이 잡으려는 것은 칠게다. 뻘밭에 꽁꽁 숨어 겨울을 나던 칠게들은 느닷없이 들이닥친 인간의 공격에 속수무책으로 당한다. 하지만 이 정도 게 잡이는 애교로 용서할 수 있다. 아예 촘촘한 그물이나 PVC 통을 갯벌에 묻어두고 칠게를 싹쓸이하는 얌체 게잡이들도 있으니 말이다.

칠게는 바닷물이 빠진 조간대 진흙갯벌에서 흔히 볼 수 있다. 몸길이가 2센티미터 내외로, 진흙 표면에 붙어 있는 규조류를 긁어먹고 산다. 낙지가 좋아하는 먹잇감이라 낙지잡이용 미끼로도 최고다. 낙지를 잡을 주낙을 만들 때 칠게를 묶어서 미끼로 쓴다. 그뿐인가. 호주-시베리아 간 1만 2000여 킬로미터의 하늘 길을 오가는 알락꼬리마도요가 겨울에 우리나라 갯벌에 잠시 머물며 찾아먹는 보양식도 칠게다. 사람들도 칠게를 좋아한다. 무안에서는 칠게를 갈아서 따뜻한 밥에 비벼 먹고 삼겹살을 먹을 때 된장 대신 얹어 먹기도 한다. 게장을 담가 반찬으로도 먹는다. 이래저래 칠게는 제 명에 살기 어렵다.

칠게의 눈자루가 유독 긴 것은 생존본능을 발휘한 결과일까? 칠게를 가까이서 관찰하기가 쉽지 않은데, 멀리서 나는 작은 소리와 그림자에도 민감해 다가가기도 전에 사라져버리기 때문이다. 서해안 갯벌 어디에서나 흔히 볼 수 있던 칠게를 요즘은 보기가 더 어려워졌다. 칠게가 줄어드니 낙지도, 도요새도 점점 줄어드는 것 같다. 이러다 정말 게 눈 감추듯 갯벌에서 영영 사라져버리는 건 아닌지 걱정이다.

낙지를 잡는 10가지 방법

낙지는 정말 다양한 방법으로 잡는다. 이유는 간단하다. 펄갯벌, 혼합갯벌, 돌갯벌, 바위틈, 돌 밑 등 서식처가 다양하기 때문이다. 여기에 수심이 깊은 곳에서부터 낮은 곳까지, 지역으로 말하자면 서해로는 옹진군 백령도에서부터 진도군 조도까지, 남해로는 해남 땅끝에서 통영, 거제, 진해까지 산다. 이게 끝이 아니다. 부산, 울산, 포항 등에서는 해녀들이 바위틈에 사는 검은색 낙지를 잡기도 한다. 낙지라고 다 갯벌에서 잡는 것이 아니다.

1. 가장 원시적인 방법은 손낙지다. 낙지가 사는 구멍(눈이라고 함)에 팔을 쑤욱 집어넣어 잡아내는 방법이다. 낙지가 펄 속에서 숨을 쉰 흔적을 '부럿'이라고 하는데 물이 솟아오른 탓에 주변 갯벌과 다른 색을 띤다. 부럿 주위에는 위장용 구멍이 몇 개 더 있고 안쪽이 서로 연결되어 있다. 그래서 부럿을 잘못 건드리면 낙지가 연결된 다른 구멍 속으로 숨어버린다.

2. 낙지가 사는 구멍에 손가락을 넣어두고 가만히 기다리면 낙지가 손가락을 타고 올라온다. 이 방법은 남해보다는 서해안, 특히 경기만에서 잘 하던 어법이라는데 직접 본 적은 없다.

3. 유인해서 잡는다. 부럿 주위에 어느 정도 깊이의 구멍을 파고 물을 넣어두면 낙지가 그리로 나오게 된다. 구멍 위에 위장용 뚜껑을 덮어두었다가 한참 뒤 뚜껑을 열고 순식간에 낚아채는 방법이다. 신안의 암태도, 지도 등 몇 곳에서 쓰는 방법으로 이를 '묻음낙지'라고 한다.

손낙지

돌낙지

가래낙지

4. 가래나 호미로 파서 잡는다. 사용하는 도구 이름을 붙여 가래낙지, 호미낙지라고 부른다. 가래낙지는 주로 날씨가 추울 때 한다. 낙지는 추울수록 더 깊은 곳으로 들어가기 때문에 삽 한 자 길이만큼 삽질을 해야 할 수도 있다. 그 대신 씨알이 굵다. 이때 낙지 구멍을 먼저 건드리면 안 되고 주변의 위장용 구멍들 중에서 맑은 물이 뽀글뽀글 올라오는 구멍을 찾아서 파기 시작해야 낙지를 잡을 수 있다.

5. 다른 낙지를 미끼로 이용하는 방법이다. 잡은 낙지를 실로 묶어 구멍 속으로 들여보낸 후 어느 정도 시간이 지나 살그머니 빼내면, 영역 다툼을 하느라 서로 엉켜 있던 낙지가 함께 붙어서 나오게 된다.

6. 그물을 이용하는 방법이다. 주로 덤장이나 건간망(개막이)을 이용한다. 이는 오로지 낙지만을 목적으로 하지 않고 숭어 등 다른 물고기도 잡을 수 있는 방법이다.

낙지 주낙

홰낙지

7. 횃불을 이용해서 잡는다. 이를 '홰낙지'라고 한다. 밤 시간에 가래와 횃불을 들고 썰물과 밀물의 조류를 따라가면서 잡는다. 무릎이 찰 정도의 물 위치에서 밀물을 따라 들어오거나 썰물을 따라 내려가다 보면 낙지들이 머리를 쫑긋 들고 있다가 쏜살같이 달아나는 것이 보인다. 그러면 가래로 덮고 손으로 낚아채서 잡는다.

8. 여덟 번째는 낙지통발이다. 긴 줄에 그물 통발을 줄줄이 매달아서 갯벌에 던져놓고 낙지가 잡히기를 기다린다.

9. 낙지연승 또는 낙지 주낙이라고도 한다. 긴 줄에 사기 조각을 매달고 거기에 낙지가 좋아하는 칠게를 묶어서 줄줄이 던져놓으면 낙지가 달라붙는다.

10. 마지막은 화끈하다. 저인망이라고 하는 속칭 '고대고리' 방법이다. 배 좌우로 연결한 그물이 바닥을 훑고 지나가기 때문에 낙지뿐만 아니라 게, 새우 등 거의 모든 저서생물이 잡힌다. 생태계에 끼치는 해가 커서 지금은 불법어업으로 금지되어 있다.

늘어놓고 보니 새삼 놀랍다. 낙지를 잡는 방법이 무려 열 가지나 되다니! 하지만 가래낙지나 손낙지를 제외한 통발, 주낙, 그물 등을 이용한 방법은 바다생태계의 지속가능성 측면에서 신중히 고민해야 할 어법들이다.

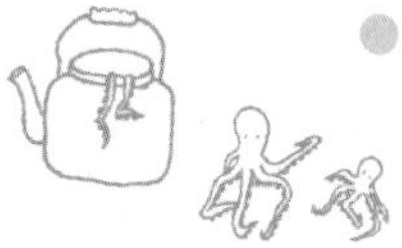

● 묻음낙지 하는 법 ●

1. 주전자와 작은 손가래를 들고 갯골을 따라가며 낙지 구멍을 찾는다.

2. 구멍 주변에 어른 한 뼘 크기와 깊이로 구멍을 동그랗게 판다. 그 안에 물을 넣거나, 갯벌 밑에서 물이 차오르기를 기다린다.

3. 개흙으로 뚜껑을 만들어 구멍에 살짝 덮어둔다. 주변에 쌓은 흙더미는 누구의 것인지를 표시한 징표이고, 반원은 낙지구멍이 어느 쪽으로 뚫렸는지를 표시한 것이다.

4. 한동안 그대로 두었다가 갯벌에 물이 들기 시작할 때 낙지를 잡으러 간다. 천천히 다가가서 재빨리 뚜껑을 열고 낙지가 있으면 낚아챈다.

5. 낙지가 낌새를 알아채고 구멍으로 들어가면 반원으로 표시해둔 방향으로 재빨리 손을 넣어 잡아야 한다. 이때 뺨에 개흙이 묻을 정도로 깊숙이 팔을 집어넣어야 잡을 수 있다.

6. 성공. 주전자에 낙지를 담는다.

삽질

나는 삽질을 정말 잘하는 세 명의 여인을 기억한다. 영광 백수염전에서 외발수레에 소금을 담던 어머니의 삽질, 신안 압해도 갯벌에서 낙지를 잡기 위해 가래로 갯벌을 파던 어머니의 삽질, 득량만에서 가리맛을 캐어 팔던 어머니의 삽질, 마지막으로 비닐하우스를 하며 평생을 사신 내 어머니다. 이제 팔순으로 치닫고 있는 내 어머니는 젊은 시절에 아버지보다 삽질을 더 깔끔하고 요령 있게 했다. 물론 구덩이를 파고 힘을 써야 하는 삽질은 아버지를 따를 수 없지만 삽으로 해야 하는 다른 일들은 아버지를 앞섰다.

삽질을 잘하는 사람은 삽을 잡고 서 있는 자세만 보아도 안다.
삽질은 힘으로 하는 것이 아니라 세월로 하는 것이다. 요령으로 하는 것이다.
경험이 만들어준 삶의 지혜에 다름 아니다.

곤쟁이 잡이

추석을 앞두고 부안 바닷가에 곤쟁이들이 몰려왔다. 곤쟁이는 새우와 닮았지만 다른 종류이며, 한자로는 자하(紫鰕)라고 한다. 물고기와 대형 갑각류, 새들의 주요 먹이이며, 사람들은 주로 젓갈(곤쟁이젓 또는 자외젓)을 담가서 먹는다.

곤쟁이는 대나무 두 개에 그물을 단 족대(뜰채)를 밀어서 잡기도 하지만, 밀기보다는 끌기가 쉬운지 어민들은 주로 어깨에 줄을 메고 그물을 끌고 다니면서 잡는다. 곤쟁이들이 워낙 작은 데다 갯물이 탁해 눈에 잘 보이지 않으니 그저 운에나 맡기고 끌고 다니면서 그물을 살펴보는 수밖에 없다.

곤쟁이는 큰 물고기를 잡을 때 미끼로도 쓰인다. 속담에 '곤쟁이 주고 잉어 낚는다.'는 말이 있는데, 적은 자본으로 큰 이익을 본다는 뜻이다. 예부터 곤쟁이가 많이 잡혔던 곳은 신안 임자도와 곰소만, 새만금, 가로림만◆, 경기만 일대이며, 가로림만 어장에서는 지금도 많은 양이 잡힌다. 특히 이곳에서 담근 곤쟁이젓은 국제슬로푸드 '맛의 방주'◆에 등재되어 있다. 또한 막 잡은 곤쟁이에 마늘, 고추, 초고추장을 넣고 삭삭 비벼 먹으면 밥도둑이 따로 없다.

◆

가로림만: 충남 태안반도 북쪽, 서산시와 태안군 해안으로 둘러싸인 반폐쇄성 내만이다.
맛의 방주: 사라져가는 지역의 음식문화를 발굴하고 널리 알려 보존하기 위해 슬로푸드국제본부가 진행하고 있는 프로젝트.

짱뚱어 낚시

히로시마 사가현 사가시에 있는 갯벌에서 주민들이 짱뚱어를 잡는 것을 보고 깜짝 놀란 적이 있다. 우리 순천만에서, 증도갯벌에서, 벌교갯벌에서 보았던 훌치기 낚시와 똑같았기 때문이다. 눈이 툭 튀어나와 사방을 볼 수 있는 짱뚱어를 잡으려면 낚시 바늘 세 개를 각각 다른 방향으로 묶어서 던지는 훌치기 낚시가 제격이다. 숭어와 연어, 학꽁치를 잡을 때도 이 방법을 쓰지만 짱뚱어를 잡을 때 특히 고도의 기술을 요한다. 껑충껑충 뛰어 갯벌을 종횡무진하다가 작은 기척에도 구멍으로 쏙 숨어버리는 짱뚱어를 멀리서 정확하게 낚시로 걸어 잡아채는 것은 쉽지 않다. 숭어나 학꽁치, 연어는 무리 속에 던져서 한 마리만 잡으면 되지만 짱뚱어는 떼로 다니지 않으므로 정확하게 한 마리를 겨냥해야 한다. 그래서 일본의 사가갯벌에서는 짱뚱어 낚시 명인이 제자를 육성할 정도다. 우리나라에는 그 정도 명인이 한둘이 아니다.

더 놀라운 것은 한때 사가갯벌의 짱뚱어가 멸종되다시피 해서 우리나라 짱뚱어를 수입해 위기를 넘겼다는 것이다. 사가현은 이토록 중요한 생물자원인 짱뚱어의 생태 환경을 지속가능하게 만들기 위해 많은 노력을 하고 있다. 그와 반대로 요즘은 우리 짱뚱어의 개체수가 크게 줄었다. 무절제한 갯벌의 매립과 간척 때문인데, 이런 추세라면 머지않아 일본에서 역수입해올 일이 생길지도 모르겠다.

주꾸미 잡이

연체동물로 문어과에 속하는 주꾸미는 피뿔고둥 빈 껍질을 묶은 주낙(주꾸미 단지), 낚시 그리고 그물로 잡는다. 피뿔고둥 껍질을 '소라방'이라 부른다. 산란철이 되면 조개껍질이나 비닐봉지라도 붙잡고 알을 낳는 주꾸미에게 소라방은 호화 주택에 해당한다. 그렇지만 공짜가 어디 있던가. 분에 넘치게 사치를 하다 보면 일을 치르게 마련이다.

인천 옹진군 이작도에서 충남의 서산, 태안, 서천을 거쳐 고흥 나로도와 사천시 신수도 앞바다까지 연안과 섬들은 가을이면 낚시꾼, 봄에는 어부들의 주꾸미 잡이로 어수선하다. 특히 가을철에 사천의 신수도와 마도 주변, 고흥의 나로대교 아래, 천수만 일대, 경기만 일대는 온통 주꾸미를 노리는 낚시꾼들로 들끓는다. 봄철마다 가족들과 먹으러 다녔던 알 밴 주꾸미를 만나기가 점점 귀해지는 이유가 여기에 있다. 이때만은 낚시꾼이 전업 어부로 둔갑해서 주꾸미의 씨를 말린다.

충남 태안군 마도에서 어부가 건져 올린 주꾸미가 그릇을 달고 올라온 일이 있었다. 그 덕분에 12세기에 침몰한 배(태안선)와 2만여 점의 고려청자를 비롯해 그 시절 선원들이 사용했던 생활용품, 오늘날 화물의 운송장에 해당하는 목간◆ 등이 발견되어 주목을 받았다.

주꾸미 단지(왼쪽)와 갈퀴. 갈퀴는 잡힌 주꾸미를 빼내는 도구다.

◆
종이 대신 나무나 대나무를 깎아 글자를 적은 것. 이때 태안선에서 발견된 목간은 배 안에 있던 도자기의 발신과 수신, 여러 물건의 유통망, 관직 등을 파악하고 서체를 연구하는 데 중요한 역할을 했다.

출어

물을 보러 가는 어부들의 출어 시간은 빛이 없는 첫새벽이다.
육지사람들이 출근을 서두르는 시간이면 벌써 그물을 털어
어판장에 넘기고 따뜻한 국밥이나 시래깃국에
소주 한 잔을 털어 넣으며 허기를 달래고 있을 것이다.
육지 시간이 아닌 바다의 시간에 맞춰 살아야 하기에,
늘 변화무쌍하다.

어구 정리

밥 먹고 난 후 설거지가 그렇듯, 고기잡이를 마치고 그물을 정리하는 일은 귀찮고 힘들기만 하다. 바다에서 그물을 끌어 올릴 때는 고기 잡는 기쁨과 만선에 대한 희망 때문에 일이 힘들어도 견딜 만하지만, 돌아와서 뜯어진 그물을 깁고 정리하는 것은 피하고만 싶은 일이다.

그물 작업 중에서도 꽃게 어망 정리와 홍어 주낙 추리기가 가장 힘들다. 꽃게는 몸통과 다리가 날카로워 그물에 걸려도 뜯어내기가 쉽지 않거니와 그러는 동안 그물이 많이 망가져서 대대적인 수선이 불가피하다. 그보다 더 힘든 것이 홍어 주낙이다. '연승어업'이라고도 하는 주낙은 몸줄에 여러 개의 낚시를 매달아 고기를 잡는 방법이다. 주낙에 미끼를 끼우는 경우와 그렇지 않은 경우가 있는데, 예를 들어 장어를 잡을 때는 오징어나 전갱이, 전어 등을 썰어서 미끼로 쓴다. 홍어 잡이도 초기에는 미끼를 썼지만 지금은 '걸낙'이라고 해서 미끼 없이 몸줄에 촘촘한 간격으로 낚시를 매달아서 홍어가 잘 다니는 길목에 놓아둔다. 홍어가 옆으로 지나다가 낚시를 하나라도 건드리면 주변의 낚시들이 순식간에 모여들어 홍어를 잡게 된다.

그렇지 않아도 주낙은 낚시가 쉽게 엉킬 수밖에 없는 구조인데, 낚시를 많이 매단 홍어 주낙을 추리는 일이 보통 귀찮은 게 아니다. 그래서 한 마을에 홍어 배가 한 척 있으면 그 마을 노인들이 모두 모여서 소일거리로 그물 갈무리를 하고, 심지어 바쁠 때는 다른 섬 주민들에게까지 가져가 부탁하기도 한다.

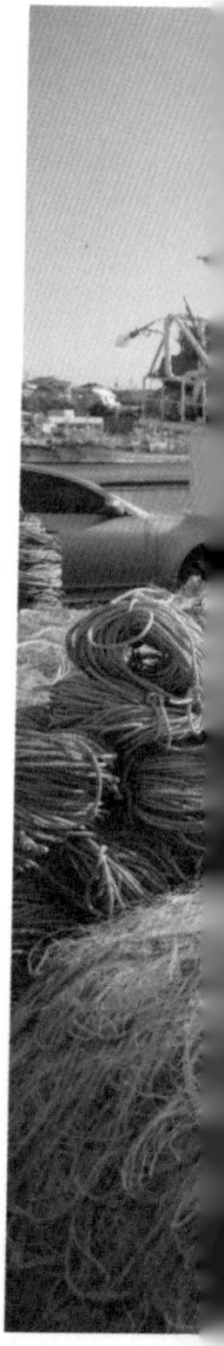

홍어 주낙 정리

포항시 구룡포의 가자미를 잡는 그물

제주도에서 자리를 뜰 때 쓰는 그물.
자리는 잡는다고 하지 않고 '뜬다'고 한다.

새우 잡이

"멍텅구리 한 척이면 100명은 먹고 살 수 있었응께. 이 작은 섬에 다방이 몇 개나 있었다고. 여자들도 있었어."

선창 가게에서 만난 김 씨는 자신이 10여 년 전에 새우 잡이 배의 선주였다며 그때의 분위기를 무용담처럼 구수하게 들려주었다. 젓새우는 전통적으로 닻배(정선망)와 멍텅구리 배(해선망)를 이용해서 잡았다. 두 방법 모두 서해의 큰 조차와, 밀물과 썰물 때 조류가 정반대로 바뀌는 특성을 활용한 어업이다. 닻배는 10여 미터의 자망그물 20개를 연결해 조류에 떠밀려가지 않도록 닻으로 고정해놓고 새우나 조기를 잡았다. 조류에 떠밀리다 그물에 붙은 새우를 털어서 잡는 방식으로, 한 배에 선원 6~8명이 타서 공동조업을 했다.

해선망 어업은 긴 원뿔형 그물을 배 좌우에 달고 조류를 따라 들어오는 젓새우, 멸치, 실치 따위를 잡는 방법이다. 북한에서는 '깔때기그물'이라고 불렀다. 그물을 단 배가 옛날에는 동력을 갖추지 못해 '멍텅구리 배'라 했고, 요즘은 중선 혹은 젓중선이라 부른다. 《한국수산지》에는 잡은 새우를 배 안에서 직접 독에 넣어 젓갈을 담그기 때문에 '해선'이라 부른다고 소개되어 있다.

멍텅구리 배는 일제강점기에 국내에서 200여 통이 조업을 했다는 기록이 있으며, 1990년대에 정부시책에 따라 강제 폐선되기 전까지 전남 신안 낙월도와 전장포에 100여 척, 경기도와 충남 일부 지역에 10여 척이 남아 있었다. 선창 가게에서 만난 김 씨에 의하면, 낙월도의 멍텅구리 배에는 선장, 영재, 수동무, 동무, 화장 등 모두 5명의 선원이 탔다. 새우 잡이를 총괄 지휘하는 사람은 선장이었다. 그물을 넣는 시기와 올리는 시기 등을 선장이 정하기 때문에 그의 능력에 따라 어획량이 결정되었다. 영재는 '영자'라고도 하며 배 안에서 살림을 총괄하는 사람이다. 수동무와 동무는 일반선원이고, 화장은 요리를 담당한다. 이들은 조업을 하는 몇 달간 작은 배 안에서 내내 함께 붙어 공동생활을 했다.

국가에서 멍텅구리 배를 폐선 조치한 것은 1995년이다. 연근해 어업자원의 감소로 인한 경영수지 악화, 어업 인력의 부족, 해양자원 보존, 그리고 태풍 셀마로 인해 멍텅구리 배 12척에 탔던 선원 50여 명이 한꺼번에 사망한 일, 선원에 대한 비인간적인 처우 등이 복합적인 원인으로 작용한 결정이었다. 지금은 닻배와 개량안강망을 이용해서 젓새우를 잡는데 주로 경기도 강화 인근 해역, 낙월도와 임자도 인근의 칠산어장에서 잡는다.

숭어 잡이

걸치기, 객얼숭어, 격얼숭어, 글거지, 나무래기, 대다리, 댕기리, 덜미, 동숭어, 동아, 동어, 뚝다리, 모그래기, 마룩쟁이, 말어, 먹그물모쟁이, 모대미, 모댄, 모댕이, 모쟁이, 모지, 모찌, 모치, 목시락, 몰치, 못찌, 못치, 몽어, 무근사슬, 무근정어, 무글모치, 무찌, 무치, 미렁이, 미패, 살모치, 셋메기모쟁이, 수치, 숭애, 애사슬, 애정어, 언지, 준거리…….

우리나라 거의 전 해역에서 자라는 숭어는 방언이 가장 많은 물고기로 유명하다. 대부분은 숭어가 성장함에 따라 지역별로 붙여준 이름이어서 '출세어'라고 하며, 그 종류가 100개가 넘는다.

옛날에는 숭어를 독살, 구덩이, 뗏발 등의 다양한 전통 어구를 이용해서 잡았지만 지금은 낚시, 이각망, 삼각망 등의 각망, 육수망, 건간망(개막이) 등의 그물 함정으로 잡는다. 그중에 가장 인상적인 것은 부산 가덕도에서 160여 년간 이어온 전통 어법인 '숭어들이'이다.

숭어는 찬바람이 일 때부터 그물에 걸리기 시작해 봄철에 가장 많이 잡히고, 그때가 맛도 제일 좋다. 찬바람이 일면 숭어의 부릅뜬 눈에 하얀 막이 생기기 시작하는데 초봄에는 막이 잔뜩 끼여 앞을 보지 못할 정도라고 한다. 가덕도의 숭어들이

는 숭어의 이런 생태적 변화를 이용한다. 봄이 되어 눈이 어두워진 숭어들이 연안의 수면 가까이로 떠오르면 산중턱에서 망을 보던 어로장이 "후려랏!" 하고 소리친다. 그러면 때를 기다리던 무동력 어선 대여섯 척이 일제히 그물로 숭어 떼를 둘러싼 뒤 건져 올린다. 특히 바람이 많이 불어 바다가 뒤집힐 정도인 날에는 그물에 하얗게 숭어가 걸린다. 이를 육수장망 또는 육소장망이라고도 부른다. 부산 강서구청에서 매년 4월 말에 숭어들이를 지역축제로 재현하고 있다.

숭어는 가숭어와 숭어가 있다. 가숭어를 '참숭어'라고도 부른다. 겨울철에 남해와 서해 일대 바닷가 식당에서 흔히 볼 수 있다. 숭어보다 더 맛이 좋다고 해서 '참'이라는 접두어를 붙였다. 숭어는 눈 주변에 테두리가 없고 눈꺼풀이 덮였지만, 가숭어는 노란 안경을 쓴 것처럼 테두리가 있는 것이 특징이다. 가숭어보다 맛이 덜한 숭어는 불명예스럽게도 앞에 '개' 자를 붙여 '개숭어'라고도 부른다. 다만 청보리가 자라는 5월 무렵에는 가숭어 맛이 다하는 반면 숭어 맛이 더 좋아져서 '보리숭어'라고 부르며 일부러 찾는 이가 많다.

위가 숭어, 아래가 가숭어

전어 잡이

강물과 바닷물이 만나는 강 하구를 기수지역이라고 한다. 먹이가 풍부해 봄에 산란하는 전어들이 찾아드는 곳이다. 전어가 알을 낳고 살이 통통하게 오른 가을철에 사람들은 이곳에서 전어를 찾는다. 하지만 이제는 섬진강과 한강을 제외하고는 물길이 거의 막혔다. 섬진강이 어떤 강인가. 지리산을 굽이쳐 흐르며, 깨끗한 곳만 찾는다는 은어가 서식하는 곳이다. 전국의 전어가 모두 '망덕 전어'로 둔갑해 팔리는 데는 이유가 있다.

어둠이 가시기 전 두어 시간을 달려 섬진강 망덕포구에 도착했다. 벌써 배들이 저 멀리 배알도◆ 앞에서 어둠을 밝히고 있다. 하늘과 바다가 맞닿은 곳에 전어 잡이 배들이 비추는 불빛만이 별처럼 총총하게 떠 있다. 전어 잡이는 배에 어탐기를 가지고 물고기 떼를 쫓아다니며 대량으로 포획하는 것이 아니라, 오랜 경험을 바탕으로 그물을 넣어 수십 분 만에 건져야 한다. 성질 급한 전어와 자망그물의 특성상 한 시간을 넘기면 전어가 몸부림치다 죽어버린다. 구이용으로는 죽은 전어도 괜찮지만 횟감으로 팔아야 좋은 값을 받을 수 있기 때문에 어부들은 쉼 없이 물때에 맞춰 그물을 넣고 걷는 일을 반복한다.

어둠이 걷히고 섬진강과 남해 바다를 가로지르는 다리가 어렴풋이 모습을 드러낼 때쯤 배들은 한 척 두 척 포구로 돌아가기 시작하고, 막 잡은 전어를 사가려는 차들이 선착장으로 모여든다. 뱃속은 꼬르륵꼬르륵 요동을 치는데 그 시간에 문을 연 식당을 찾을 수 없어 하는 수 없이 몇 마리 얻어온 전어를 배에서 썰었다. 소주 한 잔 붓고, 초장에 전어를 털어 넣었다. 고소한 전어회 맛과 함께 찬 소주가 몸 안으로 스멀스멀 내려가는 기분이 나쁘지 않았다.

◆
섬진강과 바다가 만나는 전남 광양시 망덕포구 인근의 무인도로,
가을철이면 인근 바다에서 전어가 많이 잡힌다.

멸치 잡이

멸치도 생선이다. 사람만 멸치를 좋아하는 것이 아니다. 멸치를 따라 농어, 갈치, 삼치 등 크고 고급 생선에 속하는 물고기들이 들어온다. 그러니 작다고 무시해서도 안 되고, 무시할 수도 없다. 어부들이 좋은 멸치어장을 찾아 헤매는 데는 다 이유가 있다. 하지만 멸치를 너무 탐하면 나중에 큰 고기를 기대하기 어렵다. 멸치는 새우 등과 함께 바다 속 먹이사슬의 1차 소비자에 해당한다. 2차 소비자는 대구, 고등어, 정어리 등이고, 인간은 범고래, 상어 등의 대형 포식자와 함께 3차 소비자에 속한다. 균형이 중요한 생태계 먹이사슬에서 늘 문제를 일으키는 쪽은 최대 포식자인 인간이다.

멸치를 잡는 방법은 다양하다. 낭장망은 수심이 깊지 않고 조류가 빠른 해역에 긴 자루그물을 넣어 멸치를 잡는 방법이다. 진도, 해남, 완도, 부안 등 서남해와 서해 일부에서 많이 이용한다. 죽방렴은 남해, 창선, 사천 일대에 남아 있는 500년 전통의 멸치잡이법이다. 그런가 하면 함경도와 강원도 연안 어촌에서는 휘리망이라고 부르는 후릿그물로 멸치를 주로 잡았다. 남해와 제주에서는 분기초망이라고도 하는 챗배를 이용하는데, 이는 특히 가거도의 멸치잡이 방법으로 알려져 있다. 부산 대변항 일대에서 볼 수 있는 '멸치털이'는 유자망을 이용한 방식이다.

정치망은 남해의 강진만과 앵강만 등 조류가 안정된 곳에서 멸치를 잡는 어법이다. 그물이 매우 크고 어획량이 높다. 마지막으로 기선권현망은 40톤 규모의 어선 2척이 하나의 그물을 끌면서 바다 중층과 표층에 있는 멸치를 쓸어 잡는다. 멸치 떼를 찾는 어탐선과 그물을 끄는 본선 2척, 멸치를 삶아 운반하는 가공운반선 2척 등 모두 5척이 선단을 이루고 30여 명의 선원이 공동조업을 한다. 오늘날 멸치 생산량의 80퍼센트를 기선권현망이 책임지고 있다.

한편 멸치 중에 가장 비싸게 팔리는 멸치는 죽방렴을 이용한 남해 죽방멸치이며, 다음으로 정치망멸치, 낭장망멸치 순이다.

제주 정치망어업 표지석

● **멸치잡이 배의 작업 과정**(낭장망) ●

1. 어장에서 낭장망을 올린다.

2. 멸치를 통에 담는다.

3. 멸치를 삶는다(섬으로 운반한 후 멸치막에서 삶기도 한다).

4. 꺼내서 햇볕에 말린다(건조장에서 말리기도 한다).

part 4

섬 · 삼시세끼

섬 밥상을 보면 그 섬과 바다에서 나고 자라는 것들을 알 수 있다.
바지락밭이 좋은 가우도의 밥상 중심에는 큼지막한 바지락탕이 놓이고,
야생화로 유명한 풍도는 봄꽃 나물로 찬을 만든다.
봄 도다리, 흑산 홍도, 추도 물메기, 구룡포 과메기 등
고급 생선을 말할 때 장소와 제철을 따지는 데는 다 이유가 있다.
섬집에서는 그때그때 잡히는 대로 빨랫줄에 걸어 말린 생선과
제철에 좋은 소금을 얹어 담근 젓갈들,
집 마당에 널어 말린 김과 미역 등을 사시사철 찬으로 올린다.

어시장

섬사람들은 매일 삼시세끼로 무엇을 먹고 살까? 시장에 가보면 답이 나온다. 시장만큼 지역성을 잘 반영하는 공간도 드물다. 오일장이라면 더욱 그렇다. 어시장은 어떨까? 얼핏 보면 다 같은 생선에 비슷비슷한 해산물이 놓여 있는 것 같지만 자세히 보면 지역마다 계절마다 제각기 특성이 다르다.

초봄, 경기도 김포의 대명포구에서 농어, 망둑어, 황석어를 보았다.
11월 말, 칠산바다를 접한 영광 염산시장에서 쏙, 밴댕이,
웅어, 새우, 붕장어, 민꽃게, 전어새끼를 보았다.
12월 말, 통영 중앙시장에서 뿔소라, 불볼락, 오징어, 쫄복,
황석어, 꽃게, 개불을 보았다.
그리고 새해 첫 달, 동해 주문진시장에서 도루묵, 양미리, 가자미를 보았다.

좌판이 부족할 정도로 펼쳐놓은 것은 생선이 아니라 그대로 바다다. 생물다양성은 건강한 바다의 징표요, 지역음식의 다양성으로 나타난다.

영광 염산시장

김포 대명포구

강원도 주문진시장

통영 중앙시장

잡어유감

“전부 버려부러. 갈매기라도 포식하게.”
“놨두랑께. 우덜이 알아서 할텐게. 가서 술이나 한잔 혀. 고생했그만.”

그물을 털어 쏟아놓은 어획물을 두고 선주와 아내가 하는 말이다. 아내는 포구에서 활어를 팔고, 남편은 바다에서 그물을 건져 올린다. 배를 가진 선주들은 포구에 가게 하나씩은 가지고 있다. 붙임성 좋고 인심도 최고인 선주의 아내는 벌써 아낙 몇 명을 불러 뱃전에 자리 잡고 앉아서는 괜찮은 생선들을 골라내기 시작했다. 눈치 빠른 갈매기들이 벌써 소리를 지르며 몰려든다.

쏙, 붕장어, 새우, 밴댕이, 웅어, 장대, 꼴뚜기, 전어, 쫄복, 민꽃게, 대갱어…….
그릇마다 같은 종류의 생선들이 한 마리 두 마리 쌓인다.

찬바람이 나기 시작하자 어부는 새벽같이 배를 타고 나가 칠산바다에 넣어둔 안강망 그물을 빼냈다. 금년에 마지막 터는 그물이었다. 찬바람이 나면 바닷물고기는 깊은 바다로 이사를 간다. 수온 변화가 적고 더 따뜻한 곳을 찾아 이동하는 것이다. 물고기들의 겨우살이법이다.

그물을 올릴 때는 묵직했지만 막상 건져보니 신통치 않았다. 모두 잡어다. 새우 잡는 어부의 그물에 걸린 꽃게는 라면에나 넣어 먹는 부식에 불과하고, 민어 잡는 그물에 들어온 팔등신 농어마저 잡어로 취급되기 십상이다. 그대로 버리려는 남편을 아내가 한사코 말렸다. 어부 아내의 부지런함 덕분에 잡어들은 어물전에서 멋지게 주인공 자리를 차지할 것이다.

태어날 때부터 잡어는 없다.
잡어로 만드는 인간만 있을 뿐이다.

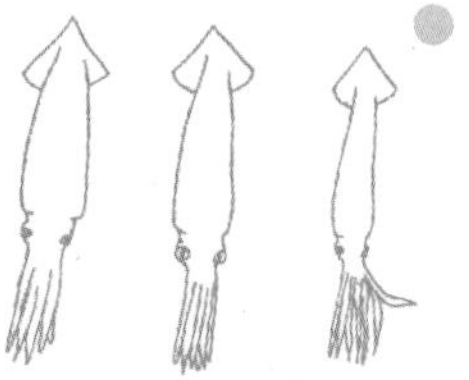

집 떠나면 고생이라는데

겨울 한 철만 잘 넘기면 일 년이 무사한데,
호망그물을 피해 가지 못하고
드넓은 바다 집을 떠나 뭍의 쪽방으로 이사를 했다.
다 자란 대구는 독방을, 덜 자란 대구는 커플방을 차지했다.
이제 집주인의 처분만 남았다.

양미리구이

거진항이다. 겨울철이면 명태를 사려는 사람으로 북새통을 이루던 곳이다. 한때 전국 명태 소비량의 60퍼센트가 거진항을 통해서 나갔다. 겨울에는 명태 잡고, 여름에는 등을 켜고 오징어 잡고, 가을에는 멸치를 잡았다. 그 덕분에 '거진항에는 거지가 없다.'고 할 만큼 부촌이었다. 이제는 명태 대신 도치가 자리를 잡고, 도루묵이 손님들을 유혹한다. 긴긴 겨울밤을 그냥 보내기 싫어서 이곳저곳을 기웃거리다가 후미진 곳에 있는 포장마차에 들었다. 사내 둘이서 연탄불 위에 양미리를 올려놓고 소주잔을 기울이고 있었다. 섬에 가면 호프집이나 식당보다는 이런 집이 훨씬 분위기 좋다. 똑같이 양미리를 시켰다.

양미리는 몸이 가늘고 원통형이며, 비늘이 없고 등지느러미가시와 배지느러미도 없다. 손질하지 않고 그대로 구워도 좋은 이유다. 주로 동해 깊은 곳에서 살며, 12월에서 3월 사이에 많이 잡힌다. 봄여름에 해조류가 무성한 바위나 암초지대에 몰려와 점착성 알을 낳는다. 소고기보다 단백질 함량이 높아 겨울철 영양식으로 최고다. 항구 주변에서 보통 짚으로 엮여 한 두름(20마리)에 이삼천 원씩 판매한다.

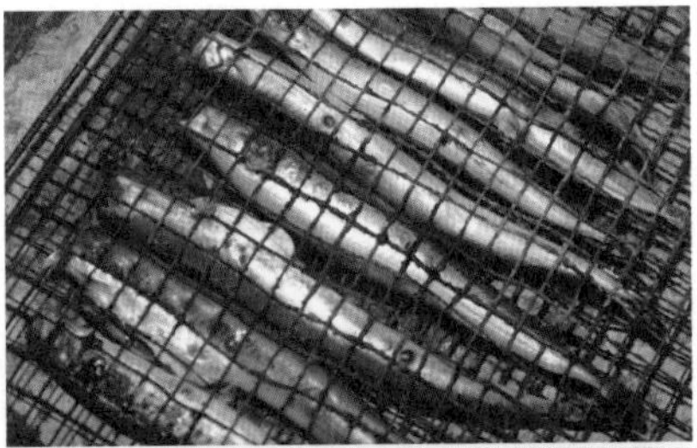

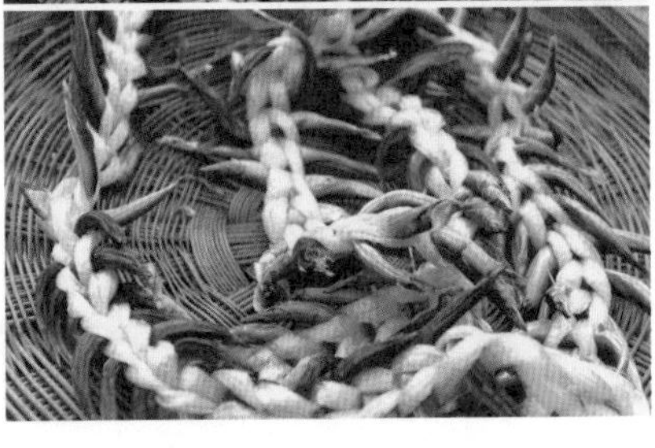

꼬막비빔밥

꼬막은 깠을 때 피가 뚝뚝 떨어져야 하고, 살아 있을 때처럼 모양이 그대로 유지되어야 잘 삶은 것이다. 전라도에서는 그렇다. 설 명절이면 세배를 하러 오는 사촌동생들이 가장 먼저 찾는 것이 어머니가 삶은 꼬막이다. 꼭 그런 꼬막 맛을 벌교시장의 한 식당에서 보았다.

두 노인이 벌교시장에서 참꼬막 한 되를 사들고 식당으로 들어갔다. 망설임 없이 자연스럽게 들어가는 것으로 보아 단골집이 분명하다. 나도 입구에서 꼬막을 사들고 따라 들어가니 벌써 주인할머니가 꼬막을 삶아 식탁에 놓고 있었다. 꼬막을 까서 소주 몇 잔을 마신 노인은 김이 모락모락 나는 하얀 쌀밥에 깐 꼬막을 얹었다. 붉은 꼬막 핏물이 흰밥 위로 뚝뚝 떨어진다. 손이 큰 할머니가 참기름, 나물 등을 챙겨서 내놓았다.

벌교 시내 곳곳에 내로라하는 꼬막정식집이 많지만 주민들은 그런 집에는 발걸음도 하지 않고 객들만 몰려왔다 빠져나간다. 진정한 맛집은 지역 주민들이 찾아가는 허름한 집이다. 나는 그날 최고의 꼬막비빔밥을 맛보았다.

꼬막 맛있게 삶는 법

1. 물을 팔팔 끓인다.
2. 불을 끄고 깨끗하게 씻은 꼬막을 넣고 한쪽 방향으로 1분 정도 저어준다.
3. 꼬막을 건져낸다.

간국

뭍사람들은 겨울에 김칫국이나 콩나물국 하나면 끼니를 해결하는 데 문제없듯이 섬사람들에게는 간국만한 것이 없다. 간국은 지운 바다의 기억을 되살려 맛으로 재탄생시킨 음식이다. 햇볕에 마르고 달빛에 숙성된 맛이다.

간국의 재료로는 우럭이 대표적이지만 관매도, 흑산도, 목포 등 전라도 지역에서는 조기간국도 즐겨먹는다. 겨울철 갯것 잡이이 신통치 않고 봄 야채가 나오기도 이른 시기에 간국 하나로 상차림이 충분했다. 처음 접하면 밍밍한 국물에 마른 생선 하나 둥둥 떠 있는 것처럼 보이지만 그 맛에 길들여지면 대책이 없다. 목포에 가면 우럭이나 조기 간국을 내놓는 식당이 있다. 충청도 바닷가 식당들은 우럭젓국이라고 해서 내놓는다.

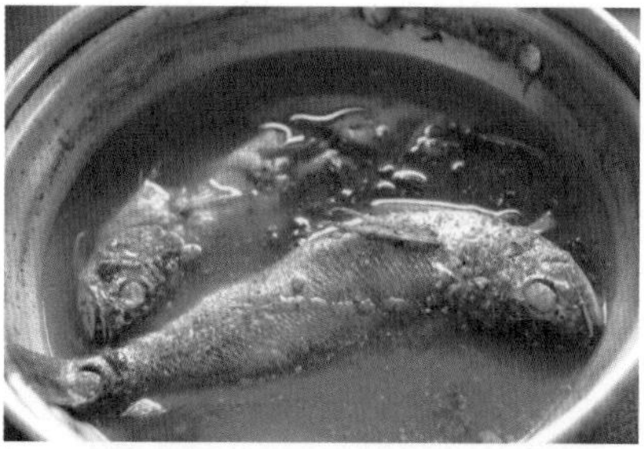

조기 간국

우럭 간국

\# 뜸북국

진도에 가면 한번쯤 먹게 되는 음식이 뜸북국이다. 뜸부기는 갈조류 뜸부기과에 속하는 해조류다. 진도에서는 뜸북, 완도에서는 뜸배기라고 부르며, 진도군 조도면 일대, 신안군 흑산면 일대, 완도군 일부 섬에서만 서식한다. 모양은 톳과 불등가사리와 비슷하지만 엽체(가지)가 더 많은 것이 특징이다.

완도에서는 제사상에 뜸부기나물을 반드시 올렸다고 하는데, 가지가 많아 귀신들이 나누어 먹기 좋다고 생각했기 때문이다. 진도의 상가집에서는 뜸북에 돼지고기를 넣고 끓여서 문상객을 대접했다. 마치 제주도에서 모자반에 돼지고기를 넣어 끓이는 몸국과 비슷하며, 소고기미역국보다 더 진하고 시원하다. 진도 읍내의 몇몇 뜸북국 전문점에서는 한우를 푹 삶아 기름을 제거한 뒤 뜸북을 넣어 다시 푹 끓인 뜸북국을 내놓는다.

몸국은 제주 지역에서 돼지고기 뼈와 내장과 순대를 삶은 육수에 불린 모자반을 넣어 만든 국으로 혼례, 상례 등 제주의 집안행사에 빠지지 않고 만들었던 음식이다.

제주 몸국

진도 뜸북국

우럭탕

우럭이 없었다면 술꾼들의 거친 속은 어찌 달랬을까. 우럭탕을 끓이는 방법은 다양한데, 살아 있는 우럭으로 요리하는 얼큰한 매운탕과 맑은 매운탕, 꾸덕꾸덕 말린 우럭으로 맛을 내는 우럭간국, 우럭젓국이 있다.

우럭의 생물학적 이름은 조피볼락이다. 북한에서는 '우레기'라 하고, 《자산어보》에는 검어(黔漁), 검처귀(黔處歸)라고 나와 있다. 우럭은 바다 속 어두운 바위 근처에서 머물며 새우나 게, 오징어를 잡아먹고 산다. 눈은 왕방울처럼 툭 튀어 나왔고 입술은 두꺼우며 몸에 비해 머리가 크다. 그래서 머리를 빼면 회로 먹을 것이 별로 없다며 광어를 찾는 사람도 있지만, 바로 그 머리 때문에 국물이 끝내준다. 《전어지》에는 '울억어(鬱抑魚)는 살이 쫄깃하고 가시가 없어서 곰국을 만드는데 맛이 훌륭하다'고 나와 있다.

톨밥과 삐데기죽

겨울철 햇살이 방안으로 들어올 때쯤이면 어머니는 땅속에 묻어놓은 무를 꺼내오셨다. 무순이 겨우내 땅속에서 아이들 손가락만큼 자랐다. 윗목에서 망태를 만들던 아버지는 어머니가 썰어주는 무청을 드시며 "아이고, 시원하다." 하셨다. 나는 "오늘도 무밥이야?"라며 짜증을 내곤 했다. 어머니는 뜸이 다 든 가마솥을 열어 쌀밥 위의 무를 살짝 걷어내고 할머니 밥을 먼저 떠낸 다음, 남은 쌀밥과 무를 휘휘 섞어 남은 그릇에 담았다. 산골마을에서는 그렇게 겨울부터 봄까지 아침저녁으로 지겹게 무밥을 먹었다.

비슷한 시기에 섬에서는 톳, 굴, 파래, 감태 등을 넣어 밥을 지어 먹었다. 제주, 통영, 완도, 신안에 있는 섬에서는 톳을 넣어 밥을 짓는다. 보통 '톳밥'이라고 하는데 제주에서는 '톨밥'이라 부른다. 톳만 아니라 고구마도 훌륭한 식사대용이었다. 고구마가 많이 나는 통영 욕지도에서는 고구마를 갈아 죽을 끓여 먹었다. 그 이름이 '삐데기죽'이다.

톨밥(톳밥)

삐데기죽

군부

군부를 전라도에서는 '군벗'이라고 한다. 여수, 진도, 신안에서는 군부를 삶아서 껍질을 벗긴 후 바로 무쳐 먹는다. 제주에서는 군벗 또는 굼벗이라 하며, 데쳐서 딱지를 벗긴 후 식초에 재웠다가 양념을 해서 오이, 양파, 깻잎, 미나리, 부추, 고추와 버무려두었다가 찬물을 부어 군부물회로 요리해 먹었다.

군부는 거북손, 고둥과 함께 갯바위를 대표하는 동물성 식재료다. 갯바위 틈새에 납작 붙어 있어서 떼어내기도 옹색하고, 삶아서 껍질을 벗기는 것은 더욱 구차하다. 손이 많이 가는 반면에 양은 얼마 되지 않으니, 팔 것도 없고 가정식 밥상에 올리기도 번거롭다. 그러니 자식들이나 어려운 손님들이 먼 섬까지 찾았을 때나 내놓는다. 그런데 맛을 보면 오도독 씹힘이 전복, 해삼보다 훨씬 낫다.

군부

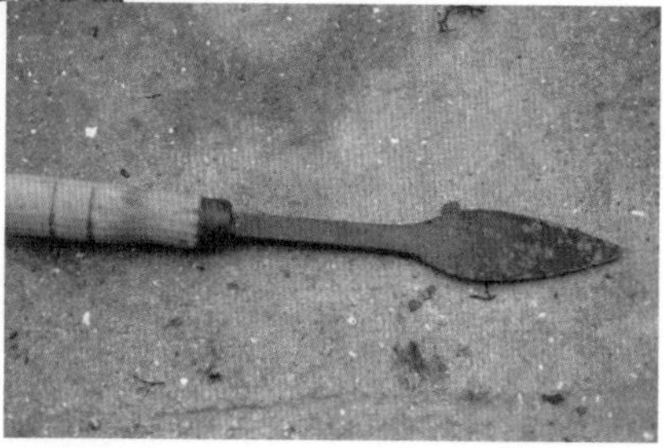

군부 채취 도구

삶아서 까는 모습

군부 무침

김

양식을 할 수 없는 먼 바다 어촌 마을에서는 갯바위에 붙은 김이 요긴하다. 전복이나 큰 조개껍질로 긁거나 철사를 솔처럼 묶은 긁개로 훑어서 집집마다 마른 김을 만들어 먹었다.

만재도에서 폭풍주의보로 며칠 발이 묶인 덕에 손바닥만 한 마당에서 어머니들이 모여 김 뜨는 것을 보았다. 인천의 굴업도에서도 똑같은 모습을 확인했다. 팔 것이 아니기에 투박하게 떠서 마당에 널었다. 늦지 않았느냐는 말에 겨울김, 봄김, 여름김이 종류도 다르고 맛도 다르다고 했다. 맛은 겨울김이 가장 좋지만 봄, 여름, 가을에 각각 독특한 맛이 있다고 했다.

격식을 갖춘 건조대가 아니라 밭에, 빈집에, 마당에, 언덕에 널어 말린 김은 어촌에서 주로 먹는 밑반찬의 하나다. 반찬이 없을 때, 갑자기 손님이 찾아왔을 때도 불쑥 내놓기 좋고 김국, 김무침, 김부각 등 다양한 형태로 조리가 가능하다. 김장김치와 함께 섬 밥상의 기본을 책임졌다. 밥상머리에서 김 맛 좀 보았다는 사람들은 더 이상 옛날 맛이 나지 않는다고 불평하는데, 바로 저런 재래식 김을 그리워하는 것이다. 바닷가 갯바위에서 긁어다 씻고 자르고 뜨고 건장에 널어 말린, 그런 김이 그리운 것이다.

◆
갯바위 김을 뜯어 반찬으로 사용하는 사례를 완도 신지도,
금일읍 우도, 여수 소횡간도, 신안 만재도, 인천 굴업도, 고흥 소록도에서 보았다.

● 김발을 뜨는 과정 ●

채취한 김을 깨끗한 물에 씻는다.

씻은 김을 칼로 다진다.

김발 위에 네모난 틀을 올리고 그 안에 김을 얇게 펼친다.

김발을 햇볕 아래에 널어 말린다.

감태지

쌉쌀하고 달달한 감태지 맛에 길들여지면 위험하다. 동치미처럼 중독성이 있다. 고향의 맛이 그렇다. 어머니의 손맛을 더한 감태지라면 말해 뭣하랴. 패스트푸드로 얼룩진 도심의 맛을 단박에 정리한다. 전라도에서는 '감태김치'를 감태지라고 부른다.

감태는 김이나 미역처럼 양식을 하기 어려워 마을 앞 갯벌에 '감태가 오기'를 오매불망 기다려야 한다. 날씨가 너무 따뜻해도, 너무 가물어도 오지 않는데 한 번 오면 갯벌이 온통 잔디밭처럼 변한다. 그래서 귀하지만 비싸지는 않다. 무안 시장에서 오천 원에 찰감태 한 그릇을 샀더니 덤으로 한 그릇을 더 퍼줬다. 감태는 12월부터 2월 무렵까지 채취하며, 날씨가 더 따뜻해지면 뻣뻣해져서 식감도 떨어지고 수온이 올라가면 사라진다. 어민들은 이를 '녹아서 없어져버린다.'고 표현한다. 찰감태란 12월 초순에 나오는 매생이처럼 부드럽고 가는 감태를 말하며, 이때 감태지를 담가 먹으면 입안에 착 감긴다.

감태지는 감태 요리 중에 단연 으뜸이다. 감태를 송송 썰어서 절인 고추, 소금, 다진마늘, 달래, 생강, 멸치액젓을 넣고 버무린 후 물을 부어 2~3일 삭힌 후에 먹는다. 숙성된 감태는 더욱 부드럽고 개운하고 단맛이 난다. 이밖에 말린 감태를 된장 속에 박아두고 숙성시킨 후 양념해서 먹는 감태장아찌도 있다. 굴, 무와 함께 바로 무쳐먹어도 좋고 전을 부치기도 한다. 최근에는 감태를 김처럼 가공해서 양념장에 찍어 먹기도 한다. 감태는 칼로리가 낮고 무기염류가 풍부하며 식이섬유가 많아서 다이어트 식품으로 안성맞춤이다.

피굴

"이게 무슨 맛이야?"
"처음 보는 요리야."
"육수는 무엇으로 만들었을까?"
"담백한데."

섬이라면 제 집 들락거리듯 하는 사람들이 앞에 놓인 생경한 요리를 맛보면서 한마디씩 한다. 굳이 말하자면 '굴탕' 같이 생겼는데, 굴 코스 요리로 유명한 집들에서도 보지 못했던 요리고 맛이었다. 그렇다고 대단한 레시피로 만든 것 같지도 않다.

상차림을 해주던 아주머니가 오가며 우리 얘기를 듣고는 그 이름이 '피굴'이라고 알려줬다. 바쁘게 오가시는 통에 말을 더 걸지는 못하고 나중에 전화로 요리법을 여쭤보니 만들기가 정말 간단했다. 굴을 껍질째 솥에 넣고 찐 다음 알맹이를 까낼 때 껍질 안에 있는 육수를 받았다가 깐 굴 위에 붓고, 천일염으로 간을 맞추고, 깨와 파를 썰어 넣은 것이 전부란다.

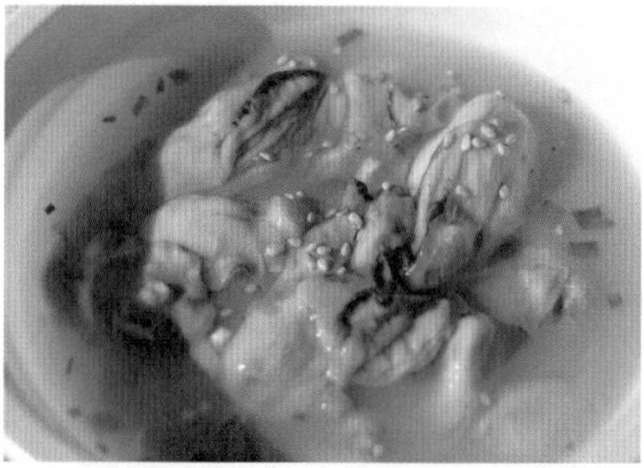

만 원의 행복

금강산도 식후경은 허투루 하는 말이 아니다. 증도에 다리가 놓이기 전의 일이다. 지금이야 차만 타면 곧바로 염전이며 해변이며 보물선을 인양한 섬까지 갈 수 있지만 당시에는 배를 타야 했다. 불편함은 여기서 끝나지 않았다. 섬 안에 식당과 숙박 시설도 충분치 않았다. 그래서 배를 타고 들어가 이곳저곳을 둘러보고 그날 나오는 배 시간에 맞추려다 보면 점심도 못 먹고 쫄쫄 굶은 채 막배를 타게 마련이었다.

지도읍까지 나오니 시간은 저녁 아홉 시로 달려가고 있었다. 그대로는 운전할 엄두가 나지 않아 식당을 찾아 나섰지만 평일 한적한 시골 읍내에서 문 연 곳을 찾기가 쉽지 않았다. 마침 식당 문을 닫기 전에 자신들이 먹을 저녁을 준비하는 부부를 만났는데, 내 처지가 딱해 보였던지 따로 음식을 해줄 수는 없고 자신들이 먹는 대로 반찬과 밥을 내주겠다고 했다. 그렇게 해서 받아든 것이 바로 이 밥상이다.

병어 한 마리 썰고, 상추와 된장과 참기름을 얹은 고추장, 그리고 김이 모락모락 나는 흰밥, 생선내장국, 마른새우무침, 오징어젓갈…….

참으로 완벽한 '병어정식'이 아닌가. 맛도 얼마나 꿀맛인지, 게 눈 감추듯 흡입하고 한 공기를 더 추가했다. 그리고는 주인 부부에게 거듭 감사 인사를 하고 나오면서 물었다.

"얼마 드리면 될까요?"
"만 원만 주세요."

봄 도다리

사람도 그렇지만 생선도 자리를 잘 보고 태어나야 대접을 받는다. 홍어는 연평도보다는 흑산도에서 잡혀야 대접을 받고, 대구는 거제에서 잡혀야 한다. 낙지는 무안에서, 물메기는 추도에서, 과메기는 구룡포에서, 꼬막은 벌교에서 등등. 그런가 하면 제철이 있다. 방어는 겨울에 잡혀야 하고, 숭어는 봄철에 잡혀야 하고, 민어는 여름에 잡혀야 한다. 나는 고급 생선을 구분할 때 장소와 제철이 있는 것을 우선 기준으로 삼는다. 봄 도다리가 그렇다.

괜히 '봄 도다리'라 하는가. 통영의 식당 메뉴에서 물메기가 사라질 즈음이면 도다리쑥국이 등장한다. 도다리쑥국은 관광객이 찾기 전에는 남해안 가정에서 봄철에 입맛을 돋우기 위해 끓여 먹던 전통 음식이었다. 통영이 관광지로 주목받으면서 덩달아 도다리도 봄철이면 귀한 대접을 받고 있다.

도다리는 범가자미, 물가자미, 문치가자미 등과 함께 가자미목 붕넙치과에 속한다. 도다리라는 이름을 가진 물고기도 있지만 보통은 가자미류를 총칭해 '도다리'라고 부른다. 우리나라 연안에 서식하는 가자미는 20여 종으로 알려져 있으며 그중 넙치를 제외하고는 대부분 자연산이다. 통영 식당에서 주로 내놓는 도다리쑥국의 주인공은 봄철에 많이 잡히는 문치가자미다. 반면에 겨울철에 동해에서 많이 잡히는 물가자미는 가자미식해의 주재료이다.

도다리쑥국

가자미식해

도다리구이

홍어

문갑도 가는 길에 시간이 남아서 인천 어시장을 어슬렁거리다가 홍어를 파는 가게 앞에 멈췄다. 거시기가 싹둑 잘린 수컷 홍어가 주인을 기다리고 있다. '만만한 게 홍어 좆'이라는 말이 여기서 나왔다. 홍어는 암컷이 크고 맛이 좋으며 수컷은 작고 맛도 떨어져서 가격 차이가 크다. 하지만 어지간한 고수가 아니고서는 썰어두고 구별하기가 쉽지 않아서 수컷의 거시기를 잘라 속이는 경우가 많다. 또 다른 이유로, 수컷 홍어는 생식기가 두 개나 되고 크고 가시가 있어서 작업할 때 손을 다칠 위험이 있기 때문에 고기잡이배에서 제일 먼저 잘라낸다고도 한다.

홍어 옆에 '목포 삭힘 홍탁'이라고 크게 써 붙어 있기에 주인에게 물어보니 흑산도 홍어는 아니고 서해안에서 잡은 것이라고 했다. 홍어는 흑산도와 홍도에서 잡은 것을 알아주지만 어청도, 연평도 주변에서도 잡힌다. 흑산도 주민들은 특히 태도◆ 서바다에서 잡은 홍어를 '진짜 흑산 홍어'라고 말한다. 홍어는 보통 삭혀서 먹지만 붉은 기운이 도는 흑산 홍어는 삭히지 않고 생으로 먹어야 한다. 흑산 홍어회는 살이 미끌거리지 않고 씹으면 찰떡처럼 차지고 담백하다. 흠이라면 값이 비싸다는 점인데 잡히는 양이 적으니 감내할 수밖에 없다.

흑산도 선착장 주변에 막걸리와 함께 홍어회를 파는 집이 있다. 배를 기다리며 한 잔 두 잔 하다 보면 하룻밤 더 묵어야 할지 모른다. 물렁한 코배기나 고소한 애도 맛볼 수 있다. 홍어는 또한 전라도 잔치에서 절대 빠져서는 안 될 음식이다. 전라도 사람들은 좋은 일이건 궂은일이건 날이 잡히면 홍어부터 준비한다. 미리 사다가 잘 삭혀놓아야 하기 때문이다. 아무리 음식을 잘 차렸어도 홍어가 없다면 "잔치가 시원찮네." 소리를 할 만큼 홍어를 좋아한다.

◆
전남 신안군 흑산면에 있는 섬으로
상태도, 중태도, 하태도를 묶어서 부르는 이름이다.

과메기

포항 구룡포에는 과메기마을이 있다. 바닷가에 꼬리만 남겨두고 양쪽으로 갈라서 대나무에 걸어 말린다. 이를 '배지기'라고 한다. 간혹 통째로 굴비처럼 엮어서 걸어 놓기도 한다.

과메기의 재료는 원래 청어였다. 옛날에는 청어가 봄철에 많이 잡혔던 모양이다.《난호어묵지》에 '눈 본 대구요, 비 본 청어다.'라는 문장이 나와 있다. 대구는 눈이 오는 겨울에, 청어는 봄비가 온 후에 잡히기 시작한다는 말이다. 조기 배만 진달래꽃 피기를 기다렸던 것은 아니다. 청어 잡이도 '진달래꽃 피면 청어 배 돛 단다.'고 했다.

구룡포의 원조 과메기는 초겨울부터 초봄까지 산란을 위해 영일만으로 들어오는 청어를 잡아서 만들었다. 이곳 사람들은 청어 덕분에 추운 겨울철에도 긴긴 밤을 지새우고 주린 배를 채웠다. 보리쌀이 바닥을 드러낼 때, 갈무리해둔 청어를 꺼내 허기를 면하기도 했다. 영일만 외에 장전만, 원산만, 경산만, 조산만 등 동해 여러 곳이 청어의 주 어장이었지만 1960년대 들어 청어가 많이 잡히지 않자 대신해서 비슷한 꽁치를 사용했다. 한참 후 청어가 다시 돌아왔지만 한번 내준 자리를 다시 찾기는 쉽지 않다.

과메기는 청어의 눈을 꼬챙이로 꿰어 말렸다는 것에서 유리한 이름이다. 이를 한자로 쓰면 관목청어(貫目靑魚)인데, 과메기의 본고장인 구룡포 말로 '목'을 메기 또는 미기라고 발음해 '관메기'가 되었다. 하지만 입에 착 달라붙지 않아서였을까? 관의 ㄴ이 탈락하면서 과메기라는 이름으로 정착했다.

호미곶 과메기

물메기

이렇게 맛좋은 생선을 맛이 없다고 버렸다니 이해가 되질 않는다. 더구나 '텀벙' 하고 바다에 떨어지는 소리에 이름마저 '물텀벙'이라 불렀다고 한다. 그 이름을 듣자니, 옛날에 딸만 낳아 '딸그만' '달막'이라 했다는 이름이 생각났다.

전국에서 유통되는 물메기 어획량의 30퍼센트는 통영과 거제에서 잡힌다. 그중 추도가 으뜸이다. 사량도, 두미도, 욕지도, 오곡도, 미륵도에 둘러싸인 추도는 물메기 산란지로 최고의 명당이다. 무엇보다 추도의 맑은 샘물이 '추도 물메기'를 명품으로 만든다. 위장병도 낫게 한다는 용천수다. 그리고 해풍에 얼고 말리기를 반복해 명품 물메기가 만들어진다.

추도에는 마을이 두 개 있다. 대항마을에서 고개를 넘어가니 마을 주민들이 모두 나와 물메기를 씻어 걸대에 널고 있었다. 물 좋은 물메기를 잡아오면 곧바로 어머니들이 내장, 아가미, 알을 분리해 천일염을 뿌려 젓갈을 담그고, 물컹한 살은 깨끗이 씻어 덕장에 올린다. 집집마다 담벼락과 지붕에 건조대를 만들고 물메기를 걸었다. 골목과 밭에도 기둥을 세워 물메기 벽을 만들었다. 이렇게 겨우내 물메기를 말리고 팔아서 생활한다. 추도 주민들에게는 물메기가 일 년 농사나 다름없다.

물메기는 회, 회무침, 전, 찜, 탕 등 여러 음식으로 만들어 먹는다. 생 물메기는 회나 회무침으로, 반건조한 것은 전이나 탕으로, 완전건조한 것은 찜으로 먹는다. 내장과 알과 아가미는 따로 떼어 젓갈을 담그는데, 특히 내장으로 만든 대창젓은 주민들만 먹는 별미다. 말린 물메기는 뜯어도, 뜯어도 먹을 것이 나온다. 먹다가 지치면 방구석에 던져놓았다가 다시 손에 잡히면 뜯어먹고, 또 던져놓았다가 잡히면 뜯어도 계속 먹을 것이 나온다.

물메기는 버릴 것이 하나도 없다. 누가 이 생선을 바다에 던졌을까. '물텀벙'은 더 이상 물메기의 별명으로 어울리지 않는다.

뽈래기(볼락)

통영 추도에서 배를 기다리며 허기를 면하려고 라면을 주문했다. 라면이 보글보글 끓기 시작하자 주인이 깍두기를 내왔다. 큼지막한 깍두기 사이로 눈을 부릅뜬 생선이 들어 있는 것을 보고 기겁을 했다. 깍두기를 들춰보니 볼락이다. 통영 사람들은 볼락을 '뽈래기'라고 부른다.

볼락을 보면 어머니를 떠올리는 사람들이 바로 통영의 섬사람들이다. 모처럼 고향을 찾은 통영 사람들은 모이면 뽈래기부터 찾으며, 전라도에서 제사상에 조기를 올리듯 통영에서는 꼭 볼락을 올린다. 조상들이 저승에서도 찾는 고향 음식인 모양이다.

어머니의 손맛은 김치에서 시작되지 않던가. 깍두기뿐 아니라 김치를 담글 때도 속에 볼락을 박는다. 이때 넣는 볼락은 제주도의 자리만한 작은 것으로 '젓볼'이라고 부른다. 무를 깍두기 네 배쯤 되게 큼직하게 썰어서 김장양념에 버무린 다음 옹기에 담을 때 젓볼을 한 마리씩 끼우면서 갈무리한다. 그러면 시원하고 달짝지근한 맛이 무김치와 국물에 배어난다.

물메기탕과 함께 뽈래기탕도 통영의 대표적인 국물 맛으로 꼽힌다. 우리나라 매운탕계를 평정한 생선이 우럭이라지만 섬사람들이 그보다 높게 치는 것이 볼락탕이다. 양식 우럭처럼 원하는 대로 무한 공급할 수 없어 맛도 귀하다. 미역국을 끓일 때도 우럭처럼 넣어서 육수를 더한다.

볼락은 구이 또한 진미다. 숯불이나 연탄불에 구워야 맛있지만 팬이나 오븐에 구워도 좋다. 팬에 구울 때는 우선 팬에, 오븐에 구울 때는 볼락에 기름을 두른다. 이때 볼락은 잘 손질해서 굵은 천일염을 뿌려 밑간을 해놓는다. 볼락의 별미는 우럭처럼 머리에 있다. 잘 구워진 머리를 자근자근 조심스럽게 씹으면 고소한 맛이 혀에 감긴다. 가을전어보다 고소함이 강하다.

이밖에 볼락 살을 발라 회무침을 만들고 전을 부치기도 하며, 볼락을 다져서 된장과 섞어 볼락쌈장을 만들어 먹기도 한다. 막 잡은 볼락을 통째로 된장에 찍어 먹어도 좋다. 볼락젓갈도 담근다. 막 잡아온 볼락에 굵은 소금을 뿌려 젓갈을 담가놓고 세 달 정도 기다리면 먹을 수 있다.

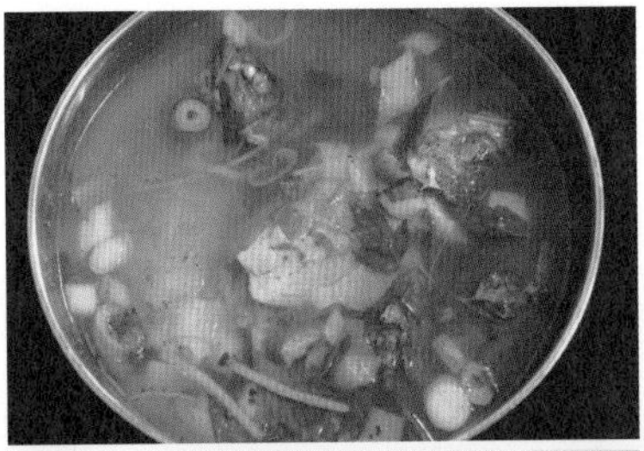

1. 볼락탕
2. 볼락깍두기
3. 볼락구이

샛서방고기(군평선이)

생선구이 몇 마리를 앞에 두고 주거니 받거니 소주병이 춤을 춘다. 통영 사람들에게 볼락이 있다면 여수 사람들에게는 샛서방고기가 있다. 그런데 이름 한번 참 거시기하다. 귀하고 맛이 좋아 남편 밥상에는 올리지 않고 새로 사귄 애인(샛서방)에게 줬다는 데서 유래했다는데, 본래 이름은 군평선이 또는 금풍쉥이라고 부른다.

군평선이라는 이름에도 재밌는 일화가 있다. 전라좌수사로 임명된 이순신 장군이 관내를 순시할 때의 얘기다. 관청에 딸린 관기집에서 식사를 할 때 생선이 올라와 먹어보니 맛이 좋았다. 생선 이름을 물어보니 아는 사람이 없어 관기로 있던 '평선'이라 부르도록 했다. 이후 여수 사람들이 평선이는 구운 것이 맛이 좋다며 '구운 평선', 즉 군평선이라 부르게 되었다고 한다.

넙너리 포구◆에서 바람이 차가운데 소주 한 병에 막 구운 샛서방고기 여섯 마리를 앞에 두고 젓가락질이 바쁘다. 샛서방고기가 올라오기 전까지 사랑을 받던 굴과 꼬막 접시도 옆으로 밀치고 양념장까지 챙긴다. 군평선이 먹을 줄 아는 사람들이다. 돔 종류가 다 그렇듯 뼈가 억세서 잘 발라먹어야 한다. 이 때문에 고흥 녹동에서는 '뺏센고기'라 한다. 여수에서는 군평선이를 꽃돔이라고도 부르고, 목포에서는 쌕쌕이, 통영에서는 꾸돔이라고도 한다. 지역에 따라 딱돔(닭돔), 딱때기, 챈빗, 얼게빗등어리라는 이름도 있다.

군평선이는 살이 단단해서 횟감으로도 좋고, 진도에서는 탕으로도 손에 꼽는다. 그래도 가장 맛이 좋은 것은 구이다. 몸통에 어슷하게 칼집을 내어 달군 석쇠에 굽는다. 굵은 소금을 뿌려 간을 맞추며 위에 양념장을 올리기도 한다. 살이 퍽퍽하지 않고 무르지도 않아 식감이 좋다.

◆ 전남 여수시 신월동에 있는 작은 포구.

도루묵

도루묵은 한류성 바닷물고기로 고성, 속초, 강릉, 삼척 일대의 바다가 주 어장이다. 명태나 대구처럼 크지도 않은 물고기를, 찬바람에 맞서가며 그물로 잡아 뜯어내며 갈무리하는 일이 녹록치 않았다. 기다리는 명태는 오지 않고 도루묵만 잔뜩 걸려 올라오는 것을 보고 '말짱 도루묵'이라 했다는 것도 허튼소리는 아닐 성 싶다. 하도 흔해서 주민들 반찬거리였고 그 맛을 아는 지역에서만 거래되었다.

도루묵은 조림, 구이, 매운탕, 식해 등으로 요리해 먹는다. 조림은 무를 깔고 내장과 머리를 떼어낸 도루묵을 올린 다음 다진마늘, 생강, 고춧가루, 대파, 간장 등으로 만든 양념장을 끼얹고 물을 약간 부어서 조린다. 구이와 매운탕도 다른 생선을 요리할 때와 다르지 않다. 하지만 식해는 좀 각별하다.

식해는 생선에 양념을 해서 삭혔다 먹는 젓갈의 일종이다. 도루묵은 가자미, 명태, 횟대 등과 함께 함경도에서 식해를 만들어 먹던 생선이었다. 도루묵의 내장과 머리를 제거해 잘 씻은 다음 소금을 뿌려 사흘 정도 바람이 잘 통하는 곳에서 꾸덕꾸덕 말린다. 그리고 기장으로 밥을 지어 고춧가루, 다진마늘, 생강, 소금과 버무린 다음 항아리에 도루묵 한 줄에 밥 한 줄씩 켜켜이 담고 보름이나 스무날 정도 숙성시킨다. 엿기름물을 이용해 삭히기도 한다. 그 후 무를 넓적하게 썰어 소금에 절여서 물기를 꽉 짜낸 다음 삭힌 도루묵과 고춧가루, 다진마늘, 생강을 넣고 버무려서 다시 삭힌다. 빠르면 일주일 만에 먹기 시작한다.

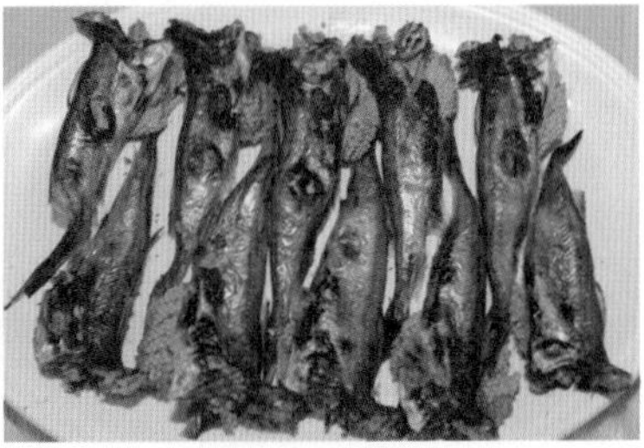

1. 도루묵회
2. 도루묵찜
3. 도루묵구이

삼치

바다는 겨울철에 숨겨온 본성을 유감없이 드러낸다. 소심하게는 바람으로 뱃길을 막을 정도지만 심할 때는 어촌마을을 위협하고 목숨을 빼앗기도 한다. 이런 날은 그저 섬에 납작하게 엎드려 있어야 한다. 깝죽대며 배를 타고 나가거나 갯바위에서 낚시라도 하다가는 목숨을 잃기 십상이다. 이런 날 거문도에서 발이 묶였다. 술꾼들에게는 최고의 날이다.

그래도 얼마나 다행인가, 전날 큼지막한 삼치라도 잡혔으니. 섬 사정을 잘 아는 정 군이 전날 미리 이야기해놓은 덕에 천신이라도 할 수 있었다. 섬에 발이 묶인 사람이 한둘이 아닐 텐데 그들이 이 사실을 알면 삼치를 찾아 헤맬 것이고 순식간에 거문도의 삼치는 동이 날 것이다. 아니나 다를까, 해장술이 한 순배 돌 때쯤 뒤늦게 삼치를 달라는 사람들로 밖이 소란스러워졌다.

삼치는 농어목 고등어과에 속하는 바닷물고기로 고등어, 꽁치와 함께 등 푸른 생선을 대표한다. 봄에 산란을 위해 연안으로 돌아오며 가을에는 일본 근해로 이동하는데, 겨울철에 거문도에서 끌낚시로 잡은 삼치를 최고로 알아준다. 끌낚시는 배의 양 현에 굵은 왕대를 걸치고 반짝이는 공갈낚시를 매달고 달린다. 스피드를 좋아하는 삼치의 폭주 본능을 이용한 어법이다.

조선시대에는 어촌에서 인기가 좋았지만 망어(亡魚)라고 부른 이름 탓에 양반들이 싫어했다. 얼마나 다행인가. 그 덕에 어가에서 실컷 맛볼 수 있었을 테니. 당시는 물고기에 대한 연구가 거의 이루어지지 않아 삼치는 물가에서 뱀, 구렁이와 짝짓기를 해서 가을에 알을 낳아 모래밭에 묻어놓으면 봄에 부화한다고 믿었다.

갈치

농어목 갈칫과에 속하는 갈치는 조기와 사촌간이다. 멸치, 오징어, 갑각류 등을 좋아하며 동종을 먹는 공식 현상도 있다. 입이 크고 이빨이 발달했으며 몸은 은백색 광택을 띠고, 대륙붕에 서식하며 4월부터 8월에 산란한다.

식재료로서 갈치를 구분할 때 흔히 은갈치와 먹갈치로 양분한다. 그러나 제주 은갈치(추자도나 거문도 포함)와 목포 먹갈치라는 명칭은 잡는 방법에서 오는 차이일 뿐이다. 낚시로 잡아서 은빛 비늘이 잘 보존되어 있으면 은갈치이고, 그물로 잡아서 얼음 보관한 후 가져온 것은 비늘이 벗겨지면서 산화해 먹갈치가 된다. 선도로 보면 은갈치가 조금 나을 수 있다. 제주 갈치국에서 비린내가 나지 않는 것도 그런 이유에서다. 조림용으로는 먹갈치가, 회나 국으로는 은갈치가 좋다.

갈치가 많이 잡히던 시절에는 만만한 게 갈치였다. 시장에 가면 으레 소금에 간한 갈치를 짚으로 묶인 채 사와서 갈치구이나 갈치국을 밥상에 올렸다. 그래서 '값싼 것이 갈치자반'이라 했다. 맛도 좋고 값도 싸서 실용적이라는 말이다. 그런데 지금은 사정이 다르다. 과도한 남획에 해양 환경까지 바뀌어 갈치가 귀한 생선이 되었고 값도 엄청 비싸졌다. 큰 갈치 한 토막을 구워 내놓는 목포의 먹갈치 구이가 몇만 원에 이른다. 제주 은갈치는 더 비싸다. 낚시로 잡은 갑어치와 이동거리를 생각하면 비싸다고 탓할 바도 아니다. 더 이상 갈치는 반찬이 없을 때 쉽게 구워서 올리는 생선이 아니다.

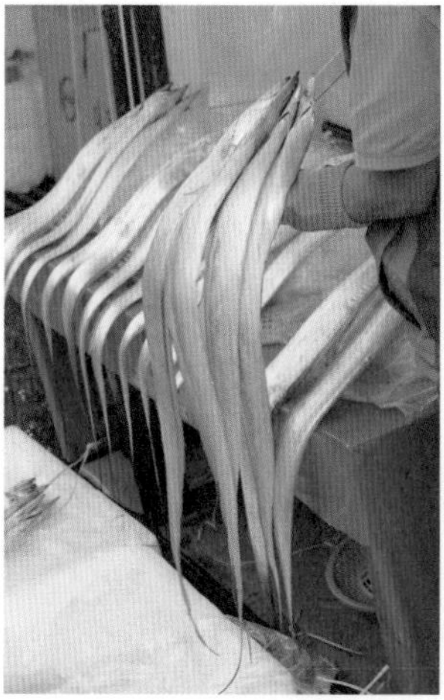

낚시로 잡은 은갈치

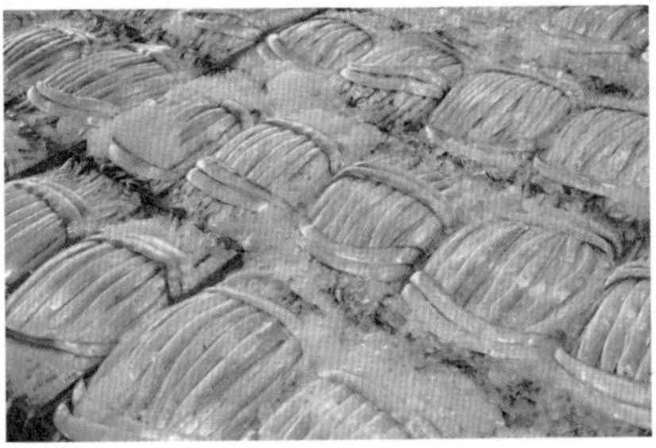

그물로 잡은 먹갈치

그런데도 나는 갈치구이를 좋아한다. 특히 가마솥에 밥을 하고 난 뒤 남은 불씨를 긁어내어 석쇠를 올리고 굽는 갈치가 제일 맛있다. 예전에 어머니는 오일장에서 사온 갈치를 토막 내어 굵은 소금을 뿌려 간질을 해두었다가 구울 때 다시 소금을 뿌렸다. 짭짤해야 반찬이 된다고 하셨지만 그냥 먹지 말고 반찬으로 먹으라는 의미였을 것이다. 할머니가 드시는 생선에는 구울 때 소금을 뿌리지 않았다.

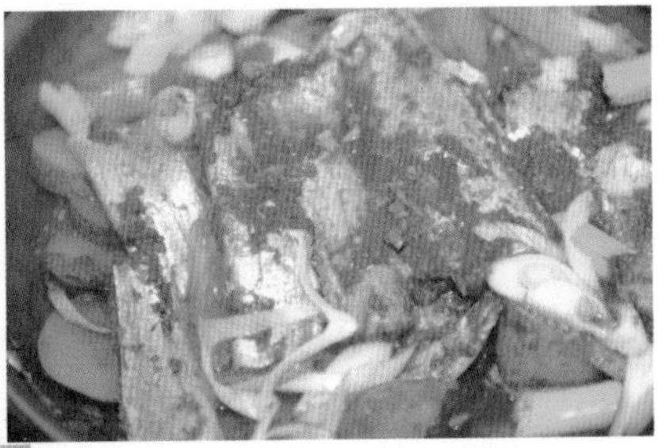

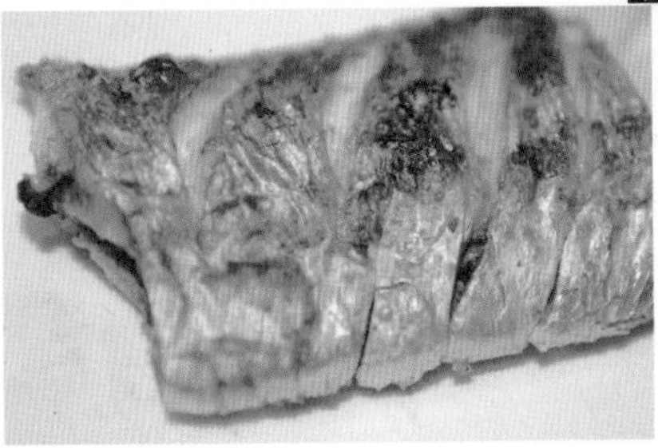

멸치회

봄이 되면 내가 살던 시골마을은 비린내가 진동을 했다. 멸치 때문이었다. 김장용 멸치를 실은 트럭이 온 마을을 누비고, 멸치를 산 주민들이 지게에 리어카에 그것을 옮겨 담아 골목을 누비면서 풍기는 냄새였다. 산골마을에서 자란 탓에 비린내라고는 명절과 제사 때 말고는 좀처럼 맡을 기회가 없었던 나는 현기증이 날 정도였다. 그러고 나면 며칠은 김치찌개에 커다란 멸치가 올라왔다. 찬바람이 불기 시작하면 멸치를 가마솥에 넣어 끓이느라 다시 한 번 짭조름하고 고소한 냄새가 진동을 했다. 이 무렵 밥상에는 커다란 멸치젓이 통째로 올라왔는데, 뼈만 빼내고 밥에 척 걸쳐 먹던 그 맛을 잊을 수 없다. 멸치에 대한 날것의 기억이다.

그런데 생멸치를 만나다니! 구이, 탕, 튀김, 무침까지, 멸치가 이렇게 변신할 수도 있구나 하고 신기했다. 더구나 멸치회라니. 비로소 멸치가 생선임을 확인한 순간이었다. 생선은 탕, 구이, 회로 요리할 수 있어야 한다는 나의 '그릇된' 기준 때문이다.

봄철 남해의 미조항이나 부산 기장의 대변항에 가면 멸치 터는 소리를 들으며 멸치쌈밥, 멸치회 등의 진미를 맛볼 수 있다. 이곳에서 잡히는 멸치는 꽃멸 또는 참멸이라 부르는 씨알이 굵은 멸치다. 성긴 그물에 걸린 멸치를 후리는 소리, 이곳에서 봄을 맞는 소리다.

가우도 바지락 밥상

시골 밥상을 보면 논과 밭이 보이듯, 섬 밥상을 보면 바다와 갯벌이 보인다. 이 밥상은 바지락탕이 중심에 오른 강진의 가우도 밥상이다. 탕 오른쪽에 깐 바지락으로 담근 조개젓이 놓였다. 그 아래는 바지락전이다.

가우도는 강진의 유일한 유인도로, 인도교를 걸어서 갈 수 있다. 탐진강과 만나며 형성된 내만 앞쪽을 완도의 고금도, 약산도가 막고 있어서 펄갯벌과 혼합갯벌이 발달했다. 한때는 '도암 꼬막'이라 해서 벌교 꼬막과 쌍벽을 이룰 만큼 유명한 꼬막 산지였지만, 굴곡이 심한 해안선을 막아 갯벌을 농지로 바꾼 뒤로는 꼬막은 사라지고 지금은 바지락으로 살아가고 있다.

바지락은 궁색한 섬 밥상을 풍성하게 만드는 마법의 재료다. 조개젓, 조개탕, 조개무침은 물론이고, 먹다 남은 바지락회를 흰밥에 넣어 야채, 나물과 함께 슥슥 비벼 먹으면 최고의 비빔밥이 된다. 바지락 하면 고흥의 바지락꼬지도 빼놓을 수 없다. 곶감을 꿰듯 나뭇가지에 끼워서 처마 밑에 말려서 만드는 최고급 요리다.

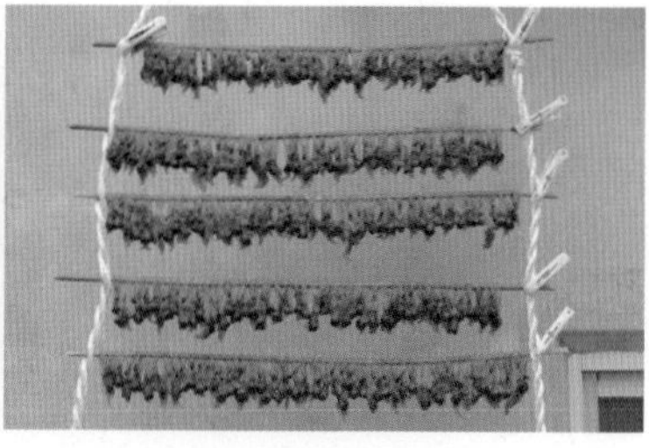

곰소 젓갈백반

섬을 노래하는 시인 이생진 선생과 함께 위도 여행을 마치고 곰소만에 있는 젓갈백반 집에서 식사를 했다. 찬으로는 젓갈만 수십 종에 이르고 맑은 백합탕이 같이 나왔다. 젓갈이 하도 많아서 아예 이름표를 적어두었다.

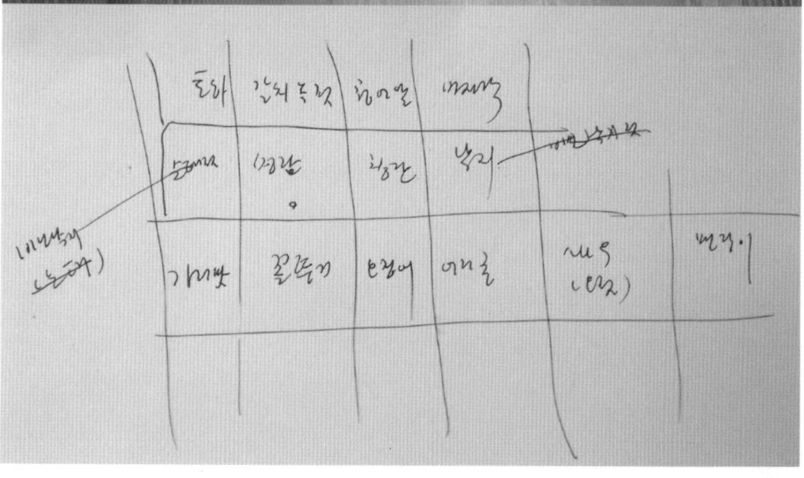

증도 망둑어 밥상

망둑어조림, 망둑어튀김, 망둑어무침……
중도의 명물, 망둑어로만 한상이 차려졌다.

망둑어는 갯벌이 발달한 서해안에서 흔히 볼 수 있는 생선이다. 헤엄치는 것보다 물 밖에 나와서 뻘을 잔뜩 묻히고 뛰어다니는 모습을 쉽게 볼 수 있다. 망둑어 종류가 세계적으로 2000여 종이나 된다고 하며, 우리나라는 서남해안에서 사는 짱뚱어, 말뚝망둑어, 문절망둑이 대표적이다. 순천과 벌교에서는 짱뚱어 요리가 유명하고, 증도에서는 문절망둑으로 만든 '문절이 요리'를 맛볼 수 있다.

급하게 허기를 달래기 위해 망둑어무침에 막걸리를 먼저 주문했다. 주인이 직접 그물을 털어오기에 가능한 요리다. 머리와 뼈를 발라내고 무와 함께 무친 시큼한 맛이 막걸리와 딱 어울린다. 옆에서 입맛을 다시는 아이들을 위해 마음씨 좋은 어머니가 내놓은 또 다른 요리는 망둑어 튀김이다. 이것은 정말 처음 보는 요리였다. 어전과 비슷하면서 바삭한 것이 아이들이 딱 좋아할 맛이다.

싱싱한 망둑어는 회나 무침으로도 좋지만 많이 잡았다면 내장과 머리를 떼고 햇볕에 말렸다가 구이나 조림으로 먹으면 좋다. 주전부리에서 술안주, 반찬에 이르기까지 어디에 내놓아도 손색이 없다. 개인적으로는 여자만에서 낚시에 매달린 망둑어를 머리만 떼고 내장을 긁어낸 다음 그냥 썰어서 된장에 찍어 먹었던 기억이 각별했다.

풍도 나물 밥상

섬마다 밥상은 독특한 얼굴을 한다. 식당이 없는 곳이라면 더욱 그렇다. 민박집에서 받아먹는 밥 한상에서 섬살이의 면면이 읽을 수 있다. 야생화를 좋아하는 사람들이 즐겨 찾는 꽃섬, 풍도◆에서 받은 소박한 밥상이 그랬다.

어렵게 민박집을 구하고 꽃구경을 하고 오니 밥상이 차려져 있었다. 반찬은 두릅나물, 원추리나물, 산괴불나물나물, 꽃게장 그리고 묵은 김치가 전부다. 두릅과 원추리, 산괴불나물은 뒤뜰과 산에 지천으로 널려 있고, 꽃게는 앞바다에 걸어둔 그물에서 남편이 건져온 것이다. 외지에서 들어온 식재료는 하나도 없다. 오롯이 섬에서 나고 바다가 가져다준 것들로만 차린 자연 밥상이다.

◆
경기도 단원구에 속하지만 인천에서 배를 타고 가는 섬이다. 초봄에 바람꽃, 노루귀, 복수초, 현호색 등이 마을 뒷산을 뒤덮어 야생화 마니아들의 성지가 되었다.

덕적도 산중해변 밥상

섬이라고 해서 어디나 밥상에 푸짐한 해산물과 생선 반찬이 올라오는 것은 아니다. 비린내를 전혀 맛볼 수 없는 곳도 있다. 덕적도는 인천에서 가장 큰 섬으로, 북리를 제외하고는 뱃일 갯일보다 농사를 더 많이 짓는다. 사실은 대부분 섬들이 그렇다. 이런 섬을 두고 '산중해변'이라고 한다.

어쩌다 손님이라도 방문하면 어머니는 새 반찬을 만들어 내놓는데, 간단해 보여도 자신들이 쉽게 먹기는 어려운 것들이다. 오늘도 어머니는 얼른 발품을 팔아서 석화를 까 오시고, 파와 갑오징어로 부침개를 부치셨다. 세모가사리도 튀겨서 내놓았다. 나머지는 파김치, 묵, 시금치. 상큼하다. 단출하지만 마음이 풍성해지는 상차림이다.

회진 매생이 밥상

매생이 양식을 많이 하는 장흥 섬마을에 갔다가 따뜻한 밥상을 받았다. 집주인인 노부부는 갯가에 조그마한 매생이 발을 막아놓고 겨울을 난다. 직접 만든 김, 방금 뜯은 매생이로 만든 매생이무침, 무김치, 배추김치 그리고 김치찌개, 참기름을 동동 띄우고 깨를 뿌린 장. 한사코 반찬이 없다며 미안해하시는데, 이렇게 멋진 상을 과연 어디서 받아보겠는가 말이다.

젓갈 이야기

제주 사람들이 봄을 기다리는 것은 유채꽃을 보기 위해서가 아니다. 뼈가 연해지고 살이 오르는 자리를 먹기 위해서다. 하지만 그 맛은 빨리 지나간다. 일장춘몽처럼. 봄맛을 더 오래 누리기 위해서 살이 지고 기름이 오른 봄 자리를 통째로 소금에 절여 겨울에도 봄맛을 탐한다. 여기에 우영팟에서 뜯은 야채를 곁들인다.

제주에서 시작된 봄이 부산에 이를 무렵이면 대변항에는 불을 밝히고 멸치 후리는 소리가 구성지다. 이때 멸치쌈밥, 멸치회, 멸치구이를 먹기 위해 많은 사람들이 대변항을 찾는다. 그리고 배가 부르면 포구를 어슬렁거리며 고소한 멸치젓을 찾는다. 뼈가 연해지고 살이 오른 멸치로 담근 멸치젓은 김장을 할 무렵이면 액젓이 된다. 액젓은 김치를 담글 때 사용할 뿐 아니라 나물을 무치고 각종 요리를 할 때도 조미료로 쓴다.

진달래, 벚나무, 살구나무, 복숭아나무 등 봄꽃들이 북상을 할 무렵이면 움츠려 허리를 굽히고 있던 새우들이 기지개를 편다. 전장포와 칠산바다 그리고 강화도에 이르는 서해에 새우 잡이 배들이 그물을 드리운다. 봄에 담근 춘젓, 5월의 오젓, 6월의 육젓, 가을의 추젓, 겨울의 동젓과 이듬해 1~2월에 담근 동백하젓이 있다. 이외에도 아주 작은 새우로 담근 곤쟁이젓, 보라색의 작은 새우로 담근 고개미젓, 큰 새우로 담근 중하젓, 돗대기젓 등이 있다. 이중에서 오젓과 육젓을 으뜸으로 친다. 새우젓은 신안 송도, 영광 염산, 광천, 강경, 강화가 집산지이고 판매장이 있으며 새우젓축제도 열린다. 서해안 사람들은 김치를 담글 때 멸치젓보다는 새우젓을 많이 넣는다.

새우젓

멸치젓

자리젓

part 5

섬·풍습

마을을 지키는 신을 모신 곳을 당산이라 하고
그 중심에 당산나무가 있었다.
예부터 섬사람들은 당산나무가 마을의 안녕과
농사와 고기잡이의 풍흉을 결정한다고 믿었다.
일제와 근대화 과정을 거치면서 미신타파라는 명목으로
많은 마을당과 제의가 사라지고 당산나무마저 베어진 곳이 많지만,
어려울 때 자연의 신을 찾아 비는 마음까지는 뿌리 뽑지 못했다.
한 해 첫 출어에 올리는 풍어제와 바닷가에 우뚝 세워둔 솟대들,
심지어 마을 어귀를 감싼 우실에도
신을 위한 마음이 깃들어 있다.

당산나무 1

마을을 지키는 신을 모신 곳을 당산, 서낭당, 도당이라 부른다. 마을 안이나 마을 뒤, 혹은 동구 밖에 자리 잡은 당산의 중심에는 큰 나무가 있다. 흔히들 당산나무라고 한다. 수종은 느티나무, 팽나무, 동백나무, 버드나무, 은행나무, 이팝나무 등으로 다양하다. 당산나무 밑에는 당집이 있거나 나무에 왼새끼(왼쪽으로 꼬인 새끼줄)를 감아 백지나 고추, 숯을 꽂아놓기도 한다. 당집 대신에 돌기둥(신체로 섬기는 돌, 신줏돌)이나 바위가 있는 경우도 있다.

당산나무는 인간과 신을 연결하는 신체다. 곧 신과 통하는 접신목이다. 그래서 영험하다. 예부터 섬사람들은 당산나무가 마을의 안녕과 농사와 고기잡이의 풍흉을 결정한다고 믿어왔다. 당산나무의 죽은 가지를 가져가서 화목으로 썼다가 배가 전복되어 큰 피해를 입었다거나 풍으로 반신불수가 되었다는 이야기는 흔하다. 또한 봄에 당산나무 잎이 무성한지 듬성듬성한지, 위에서 피는지 아래에서 피는지 등으로 점을 보는 '당산나무 잎점'도 있다.

오래된 당산나무가 태풍에 쓰러지고 벼락을 맞아 가지가 부러지는 경우가 간혹 있다. 그런데 이런 자연재해보다 더 무서운 것이 인간이다. 과거에 일제는 민족정신과 단결의 구심점이 되는 마을제의를 부정적으로 생각해 탄압했다. 해방 후에는 새마을운동과 근대화 과정에서 당산과 마을신을 미풍양속을 해치는 미신으로 규정해 금기시했다. 당산나무를 베어내고 교회를 세운다거나, 심지어 충청도 어느 섬에서는 당집에 십자가를 그려놓고 예배를 드리기도 했다. 당산을 전통과 마을문화의 관점이 아닌 종교적 잣대로 판단하고 접근한 탓이다. 마을의 정신적 버팀목이었던 당산나무와 당집이 사라지면서 섬사람들의 공동체의식도 약해졌다.

당산나무 2

2011년 가을 장도에서 마른 가지만 남은 당산나무를 보았다. 장도는 과거에 전남 광양군에 속했던 섬으로, 1973년에 여천군 율촌면 송장리로 편입되었다가 1998년에 다시 여수시로 통합되었다. 한때 주민 수백 명이 살았으나 섬에 율촌공단이 조성되면서 모두들 인근 마을로 집단이주를 했다. 당산나무는 수백 년 지켜온 마을을 버리지 못하고 주민들이 모두 떠난 자리에 홀로 서 있었다. 낯선 객의 방문이 반가웠던지 위잉- 잉, 소리 높여 울었다. 정유재란 때 이순신이 이끄는 조선 수군과 진린이 이끄는 명나라 수군이 순천 왜성에 주둔하던 고니시 부대의 퇴로를 막고 진을 쳤던 곳이 바로 이 섬이 아니던가. 잎도 없는 당산나무가 위잉위잉- 어어엉, 마구 울어댔다. 마치 물귀신이 된 옛 병사들의 영혼을 불러내기라도 하려는 듯이.

그 후로 4년 만에 다시 이곳을 찾았을 때, 당산나무는 사라지고 주변이 말끔히 정리되어 공원이 들어서 있었다. 당산나무는 어디로 실려가 괴목이 되었는지, 바둑판이 되었는지 알 수 없다. 나는 나지막이 탄식을 질렀다.

바다가 뭍이 되어 공장이 들어서고,
배가 다니던 물길 위로 사통팔달 도로가 놓였다.
당산나무와 함께 사람이 살던 섬은 사라졌다.

당산제

"동네마다 당집이 있었제. 길 나면서 없어져 부렀어."

그랬다. 옛날에는 작은 마을에도 당집이 있었다. 섣달그믐부터 정월보름까지 끝없이 이 마을 저 마을에서 마을 축제가 이어졌다. 그 시절 당산나무와 당집은 뿔뿔이 흩어져 먹고사는 일에 정신없던 사람들을 연결하는 구심점이었다. 신작로가 뚫리면서 당산나무들은 사라졌고 당집은 폐허가 되었다.

"거석을 모르는데 누가 허겄어."

제사 지내는 방법을 모르는데 누가 귀찮게 그걸 하겠느냐는 대동회장의 말에 모두들 고개를 끄덕였다. 흔적만 남아 있는 전통도 언제 중단될지 모른다. 여수 돌산읍 군내리 동내마을에서 주관하던 당산제도 대동회로 바뀌었다.◆ 더 이상 작은 마을에서 감당하기 어려웠기 때문이다.

송도에 노을이 내려앉을 무렵, 경운기에 제물을 싣고 당집으로 향했다. 대동회장, 마을 이장, 오랫동안 제관을 맡았던 노인 그리고 나까지 모두 네 명이었다. 산길을 오를 때는 지게보다 좋은 것이 없다. 제물을 지게에 지고 산에 올랐다. 노을이 포구를 물들이고 있었다. 노인들은 모두 마스크를 했다. 제사를 지내는 동안에는 말을 하지 않고 정갈하게 모시기 위해서다.

당집은 돌담으로 잘 다듬어져 있었다. 당집 영위당(靈位堂) 안에는 한복을 곱게 입은 모녀삼신을 중심으로 좌측 칸에는 성황지신 위패가, 우측 칸에는 방답진◆을 지켰던 15기의 수병 위패가 모셔져 있다.

"소찬입니다. 잘 드시고 마을에 아무 탈 없이 보살펴 주십시오."

대동회장의 축원은 간결했다.

◆
군내리 대동제: 군내리는 돌산 포구를 중심으로 동내, 군내, 서편, 남외 네 마을로 이루어져 있다. 대동회는 네 마을을 아우르는 군내리 자치조직이다.
방답진: 조선시대인 1522년(중종 17년)에 해안을 지키기 위해 설치했던 수군진. 전라좌수영에서 관할했으며 1896년(고종 32년)에 폐진되었고, 현재 거북선 정박처인 선소, 적의 침입을 알리는 봉수, 진성과 군관청 등이 복원되어 있다.

방사탑과 조탑

섬사람들은 사람이 몸이 허하면 병치레를 하듯 마을도 허한 곳으로 액이 들어온다고 믿었다. 액을 막기 위해 이런 곳에 탑을 세웠는데, 제주에서는 방사탑 또는 탑, 거북, 가마귀, 하르방, 걱대 등으로 불렀다. 방사탑이 마을의 안녕을 지켜주고 전염병, 화재, 배사고를 예방하며 아이를 낳게 해준다고 믿었다. 지금도 제주 중산간 마을과 바닷가 마을에 많이 남아 있다. 탑을 세울 때는 집집마다 한두 명씩 나와서 참여하고, 참석이 어려우면 벌금을 내기도 했다. 탑 위에는 나무로 만든 새나 길쭉한 돌을 꽂기도 했다.

뭍에서도 마을 밖에서 들어오는 액을 막고 마을 안에서 나가는 복을 막는 탑을 쌓는 풍습이 있었다. 이를 조탑이라 부르고, 마을을 지키는 수호신 또는 당산제의 신체 역할을 했다.

입석

논이 먼저였을까, 입석이 먼저였을까. 생뚱맞게도 논 한가운데에 입석이 서 있다. 옛날에는 그 일대까지 바닷물이 들어왔다. 거칠게 다듬은 사각 기둥의 머리에 뭉뚝한 테를 두르고 논 한가운데에 떡하니 서 있는 이유가 뭘까? 동행한 할머니 말씀에 아주머니들은 큰 웃음을 터뜨렸지만 아가씨들은 쿡쿡 속웃음만 지었다.

아따, 고놈 잘생겼다.
힘깨나 쓰겄네.
물이 좋아서 농사도 잘 되겄다.

입석은 선돌, 돌장승, 수구막이이라고도 한다. 간혹 선돌에 오목하게 닳아 있는 손자국에서 칠성믿음과 연관 지어 아들 낳기를 소원하던 선조들의 기자신앙*을 엿볼 수 있다. 입석은 다산과 생산과 장수를 기원하는 기능, 액을 막는 수구막이 기능, 무덤의 표지석 등으로 기능했다. 공동체의 시작이나 시원을 알리기도 하고, 신성과 세속을 연결하는 매개 역할도 했다. 줄다리기를 하고 나서 입석에 줄을 감기도 했

는데, 이를 의인화해서 입석에 '옷을 입힌다.'고 한다. 전남 영광에서는 지금도 정월에 입석에 줄을 감는 마을의례를 하고 있다.

입석은 보통 마을 입구나 평지에 세웠다. 묵묵하게 동네 어귀에 뿌리 내리고 서서 오는 잡귀잡신 몰아내고 아이 갖지 못한 새댁에게 아들을 점지해주는 고마운 존재였다. 때론 객사하거나 전쟁으로 목숨을 잃은 이름 모를 사람의 곁도 지키고, 때론 영웅의 이야기를 품기도 했다. 하지만 동네마다 한두 쌍씩은 있던 입석을 요즘은 보기 어려워졌다. 도로를 넓히거나 포장할 때, 그리고 경지 정리를 하면서 돌담 밑에 들어가거나 다리 밑에 기초석으로 쓴 경우도 있었다.

◆
자식이 없는 부녀자가 자식을 낳기 위해 기원하는 민간신앙의 한 형태.

우실

우실은 마을을 에워싼 울타리를 뜻한다. 본래 '울실'에서 비롯된 말로, '울'은 둘레를 에워싸서 지킨다는 의미이며 '실'은 마을 곡(谷)의 고어로 집단주거지를 뜻한다. 장소에 따라, 혹은 그것을 지은 목적에 따라 우술, 우슬, 마을 돌담, 돌담장, 당산거리, 방풍림, 방조림, 방파림, 사정터, 어부림, 노거수림 등 다양한 이름으로 불린다.

우실을 반드시 돌로 짓는 것은 아니다. 흙을 이용한 토담우실, 기둥을 박아 만든 목책우실, 대나무나 갈대, 짚을 엮어 막는 파자우실이 있고 남해 물건리의 어부림처럼 숲으로 조성한 생우실도 있다. 바람을 막고 안팎을 구분하는 제주 올레도 기능으로 보면 우실과 맥락을 같이 한다.

그러면 우실은 도대체 누가, 언제부터 쌓은 것일까?

서남해의 많은 우실들은 마을 주민들이 고승이나 옥황상제 등 영험한 인물이 나타나는 현몽을 꾸었을 때 쌓았다고 전해진다. 자연에 대한 경외심을 품고 환경에 적응하며 살아온 오랜 역사에서, 인간은 늘 신성한 절대자의 공간을 만들려고 했다. 예를 들어 신안군 암태면(암태도) 송곡리의 우실은 마을 앞을 지나던 스님이 마

통영 두미도 동백나무 방풍림

우이도 우실

을의 번창과 우환 막이를 위해 담을 쌓아야 한다고 조언해서 원래 수목우실이 있던 좌우에 석장을 길게 축조한 것이다. 이를 입증하듯 송곡리 돌담 사이사이에 팽나무가 몇 그루 끼어 있다.

신안군이나 진도군 섬들에 남아 있는 우실은 보통 남향인 마을 뒤편에서 불어오는 바람(높바람=북풍)을 막는 역할을 한다. 하지만 우실이 반드시 마을 뒤에 있는 것은 아니다. 마을 앞에서 불어오는 맞바람(남풍)을 막고 마을 안이 훤히 들여다보이지 않도록 보호하는 우실도 있다. 그리고 꼭 일치하는 것은 아니지만, 마을 뒤편의 우실은 대개 돌담인 경우가 많고 마을 앞쪽의 우실은 나무숲인 경우가 많다. 또한 남해안 섬마을에서는 마을 앞바다와 경계를 이루는 곳에 어부림을 조성하는 경우가 많은데, 남해 물건리의 수백 년 된 어부림은 태풍 매미가 남해안을 강타해 많은 마을을 쑥대밭으로 만들었을 때 바람을 막아 마을을 잘 지켜냈다.

우실은 또한 외부와 내부의 경계이며, 마을주신이 상당(마을 밖 산에 위치)과 하당(마을 내부에 있는 당산, 우물, 장승 등)을 이동하는 '신의 길'이라고도 풀이된다. 그래서 산자와 죽은 자의 마지막 이별 공간으로 상여가 지나는 길목이기도 하다. 섬마을 우실은 이렇듯 단순한 돌담을 넘어서 자연과 인간이 만난 문화의 총체이며 삶의 집합이었다.

암태도 송곡리 우실

들돌

어른이란 '한몫' 을 하는 사람을 말한다. 한몫을 맡아서 할 만큼 자랐다는 의미이다. 아이로만 알았던 아들이 커서 아버지 대신 역할을 해낼 때 '이제 커서 한몫을 한다.'고 표현한다. 옛말에 '사내아이가 열다섯이면 호패를 찬다.'는 말도 있다. 호패를 찬다는 것은 세금을 낸다는 다른 표현으로 그만큼 컸다는 뜻이겠다.

어른으로 대접을 받으면 울력에 참여할 수 있다. 여럿이 힘을 합해 일하는 것을 울력이라고 하는데, 마을울력에는 한 집에서 한 명씩 어른이 참여해야 한다. 이 때 어른의 의미 역시 한몫을 하는 사람이다. 그런데 한몫은 어떻게 측정을 할까? 그래도 품앗이인데 어른과 아이의 품을 서로 교환할 수는 없지 않는가. 그 기준으로 쓰던 것이 들돌이었다. 마을 어귀나 당산나무 밑에 놓여 있는 큰 돌을 들 수 있으면 어른으로 인정했다. 울력과 품앗이의 자격이 부여되는 것이다.

돌미역으로 명성이 자자한 진도군 독거도의 골목 바위 위에 큼지막한 들돌이 놓여 있다. 길에서 만난 할머니에게 물으니 예상대로 들돌이라 했다. 완도군 생일도의 금곡마을 느티나무 아래에도 사오십 킬로그램은 될 성 싶은 들돌이 놓여 있다. 지금까지 그 돌을 들고 느티나무 주변을 한 바퀴 돌았던 사람은 한 명밖에 없었다고 마을이장이 일러줬다.

한몫은 다른 말로 '한짓'이다. '온짓'이라고도 한다. 품앗이를 할 때 보통은 일대일로 품을 교환하지만 일손이 부족하면 '반짓'도 필요하다. 채취한 미역을 씻어 말리고 해야 할 때는 아이들이나, 아직 성인으로 대접 받지 못한 젊은이, 노인의 손도 필요하다. 함께 채취한 미역이나 톳, 해산물을 나눌 때 온짓은 한몫을 쳐주지만 반짓은 한몫의 반만 주는 섬마을도 있다. 배를 가지고 나온 사람에게는 '배짓'으로 한몫을 주기도 한다. 섬마을 사람들의 합리적인 분배 기준이다.

줄다리기

줄다리기만큼 널리 알려진 민속놀이가 있을까.

윗마을과 아랫마을, 동편과 서편, 남자와 여자로 나누어 줄다리기를 했다. 여자가 이겨야, 서쪽이 이겨야 풍년이 든다고 했다. 하지만 젊은 사람이 모두 도시로 떠난 지금, 머리가 허옇게 쉰 촌로들이 모여서 줄다리기 줄을 드리우는 모습을 보면 어쩐지 애처롭다. 농악을 칠 사람도, 줄을 당길 사람도 없는데, 그래도 옛 생각이 나는지 노인들은 즐거워한다. 줄이 완성되면 힘든 줄다리기는 생략하고 모두 어깨에 걸쳐 메고 당산나무 옷을 입히러 간다.

옛 문헌에 줄다리기는 조리희, 도삭, 갈전, 주리지희, 마두희 등으로 기록되어 있다. 지역별로 줄당기기, 줄쌈, 귀줄싸움 등으로 부르다가 경기도 방언인 줄다리기로 정착했다. 지금도 전국 곳곳에서 큰 축제부터 작은 마을놀이에 이르기까지 줄다리기 전통을 이어가고 있다. 충남 당진의 기지시줄다리기, 강원도 삼척의 기줄다리기, 경남의 영산줄다리기 등이 그것이다. 또한 우리나라만이 아니라 가깝게는 일본과 중국, 멀게는 동남아시아와 호주에서도 축제에 줄다리기를 하는 풍습이 있었다.

우리나라에서는 보통 단옷날, 보름날, 2월 초하룻날에 남녀노소 마을 주민들이 모두 모여 줄다리기를 하며 놀았다. 집집마다 묵은 짚을 거두어 줄을 만들었지만 영남 지방과 강원도에서는 칡 줄기로 만들기도 했다. 그 줄을 '갈전'이라 불렀다.

줄을 만드는 작업을 일러 '줄을 드린다.'고 표현한다. 드린 줄을 합쳐서 굵게 드리기를 반복하면서 줄을 만든다. 굵은 몸줄에 곁줄(지네다리)을 연결해 줄을 당기기도 했다. 줄의 머리에 올가미처럼 만든 것은 '도래'라고 한다. 암줄은 도래가 넓고 수줄은 도래가 좁다. 암줄에 수줄을 질러 넣고 나무를 꽂는다. 이 나무를 비녀목 혹은 고딩이라고 하며, 이 때문에 줄다리기의 밀고 당기는 동작을 성행위에 비유하기도 한다. 줄을 넘어가면 아들을 낳는다는 속설도 있다.

줄다리기가 끝나면 줄을 당산나무나 신목이나 액막이 돌(입석)에 감아놓는다.

제주 송당 본향당

봄이다. 마을굿을 이즈음에 많이 한다. 영등굿◆이나 잠수굿도 역시 이 무렵에 많다. 이래저래 봄은 인간이나 신이나 바쁘다. 뭍에서는 정월 초에서 보름을 전후해 마을굿을 한다. 제주에서는 입춘 무렵 낭쉐(나무로 만든 소)를 앞세우고 세경신에게 무사안녕과 이웃 간의 상부상조를 기원하는 굿을 한다. 이 굿을 입춘굿이라 한다. 탐라국 때부터 이어져 일제강점기에 중단되었다가 1999년에 복원되어 제주시 삼도2동에 있는 옛 관아자리, 관덕정 앞에서 벌어지고 있다.

제주시 구좌읍 송당마을에 있는 본향당◆의 주신인 벡주또는 4월이면 할 일이 너무 많다. 제주의 1만 8천 신들이 모두 이곳에서 갈라졌다고 하니 거두어야 할 신과 인간이 좀 많겠는가. 그래서 굿도 하루 종일 한다. 마을 입구에 이르자 꽹과리 소리가 들리기 시작했다. 벌써 굿이 시작된 모양이었다. 당오름◆을 뒤로하고 본향당으로 향했다. 팽나무 밑에 100여 개의 제사상이 정성스레 놓여 있었다. 봄비가 부슬부슬 내렸지만 마을 주민들은 자리를 뜨지 않고 젯상 주변에서 굿을 지켜보고 있었다. 한 해의 운세가 이 하루의 정성으로 결정된다고 믿는데 비가 온다고 어찌 자리를 비우겠는가.

조선시대에 제주 목사로 부임한 이형상은 무속이 성행하는 제주를 유교로 다스리려 했다. 그는 가장 먼저 절 130여 곳을 파괴하고 300여 명의 무격(무당)을 고향으로 돌려보내 농사를 짓게 했다. 하지만 그가 제주를 떠난 후 곧바로 당이 복원되었다. 다만 일부 본향당을 중심으로 마을제의가 유교식으로 바뀌었을 뿐이다. 제주의 신들은 일제강점기에 다시 한 번 시련을 겪었다. 일제는 마을공동체를 말살시키기 위해 마을제를 탄압했다. 또한 4.3 사건으로 중산간의 마을당이 대부분 파괴되었고, 이후 새마을운동과 함께 벌어진 미신타파운동으로 마을당과 함께 마을 의례도 급격히 사라져갔다. 다행스럽게 아직도 360여 곳의 신당이 제주 마을 곳곳에 남아 본향당, 일뤳당, 여드렛당, 해신당 등의 역할을 하고 있다.

◆

영등굿: 제주도에서 음력 2월 초하루에 들어와 보름에 떠나는 바람의 신(영등신)을 모시고 풍어와 안전을 기원하는 굿으로 해녀들이 주축이 된 김녕, 북촌 등에서는 '해녀굿'이라고도 한다. 풍어를 기원하며 서우젯소리를 부른 후 멩탱이(멱서리)에 좁씨를 가득 담아 바닷가로 달려가서 뿌린다. 이를 '씨드림'이라 하는데 전복, 소라, 우무가사리 등을 많이 가져다 달라고 씨를 뿌리는 것이다.
본향당: 신당의 종류로, 제주 마을의 중심이 되는 신앙처다.
당오름: 제주 송당마을의 본향당 뒤에 있는 오름.

풍어제

풍어제를 지낸다고 사라진 조기가 서해에 다시 찾아올까 싶지만 그래도 정성을 다해 빌어본다. 농부들이 풍농을 기원하듯 어부들은 풍어를 기원한다. 새해 들어 첫 출어를 할 때 지내기도 하고, 정월 대보름에 지내기도 한다. 배를 새로 건조해서 진수식을 할 때도 풍어제를 겸해 무사항해를 기원한다.

서해안에서는 마을에서 지내는 풍어제를 갯제, 용왕제, 용신제, 해신제 등으로 부르며, 당산제와 함께 지내기도 하고 따로 지내기도 한다. 지금까지 전통적인 풍어제가 전승되는 곳은 옹진 연평도, 태안 황도, 부안 위도 등이다. 이들 풍어제는 모두 조기와 관련이 있다. 황도는 조기잡이 배가 가득했던 마을이고, 위도는 조기파시가 형성되었던 섬이다. 연평도는 '조기의 신'이라 일컫는 임경업 장군을 주신으로 모셨다.

위도 풍어제는 띠배놀이로 특히 유명하다. 정월 초사흗날 어민들이 모두 나와 풍어와 마을의 평안을 기원하는 마을 공동 제의를 행하는데, 원래 명칭은 '원당제'이지만 원당 앞에서 지내는 당굿에 이어 마을 앞 바닷가에서 용왕굿의 말미에 띠배를 띄워 보내는 행사 때문에 '위도띠배놀이'라고 더 많이 알려져 있다. 원당굿을 마

치면 농악대와 뱃기를 든 선주들을 앞세우고 마을을 돌면서 간간이 멈춰 작은당과 우물에 고사를 지낸다. 이를 '주산돌기'라고 한다. 이어 마을 앞 바닷가에서 용왕굿을 펼치는데, 그 하이라이트가 띠배를 띄워 보내는 것이다. 띠풀, 짚, 싸리나무 등을 엮어서 만든 띠배 안에 떡, 밥, 고기, 나물, 허수아비를 세우고 노잣돈도 놓는다. 원당굿은 남자들이 중심이지만 용왕굿은 부녀자들이 중심이 되어 치른다.

동해와 남해에서는 '별신굿'이라는 이름으로 몇 년에 한 번씩 날을 잡아서 풍어제를 올린다. 지역에 따라 3년, 5년, 10년에 한 번씩 행하며 벨신, 벨순, 배생이, 별손, 뱃선 등으로 부른다. '별신'은 신을 특별히 모신다는 뜻에서 어원을 찾기도 하고, 선신(船神)을 말하는 것이라는 설도 있다. 지금은 강원도 묵호와 부산 기장, 통영 죽도에 제대로 된 풍습이 남아 있다.

2013년 부산 기장에서 거행된 동해안별신굿은 일주일간이나 지속되었다. 막 뜯어온 물미역이 선창에 쌓이고, 멸치쌈밥을 먹으려는 사람들 틈바귀로 꽹과리 소리가 삐져나왔다. 당집이나 제당에서 풍어제를 지내는 서해안과 달리, 별신굿은 별도의 굿청을 만들어서 신을 모신다. 당신을 모신 후 먼저 유교식으로 축문을 읽고 제를 지내고 나면 무당이 굿 형식으로 농악과 함께 진행한다. 일주일간 진행되는 별신굿의 마무리는 용왕굿과 액막이이다. 그리고 거리굿으로 한바탕 흥을 돋은 후 당고사로 정리한다.

물밥

"아들이 많으면 길에서 죽고,
딸이 많으면 부엌에서 죽는대."

밥상을 차리던 아내가 말했다. 듣고 있던 늦둥이 막내딸이 "엄마, 우리는 안 그래." 라며 입을 삐죽거린다. 지상의 고아는 부모가 없는 아이지만 천상의 고아는 아이가 없는 부모란다. 병원에 계시는 아버지께 언제 다녀왔더라. 백양사에 모신 할머니를 뵙고 온 기억도 가물가물하다.

천상의 고아는 자식이 없으면 굶는다. 그래서 자손 없이 떠도는 객귀를 달래주는 풍습이 있다. 객귀밥이나 물밥이라 하고 사자밥, 까치밥이라고도 한다. 객귀가 산 자의 몸에 들어오면 아프다고 믿었기 때문이다. 굿을 하고 난 후 바가지에 밥을 넣고 물을 말아서 밖에 내놓는다. 정월 보름에는 대문 밖에 짚을 깔고 그 위에 놓는다. 제사를 지낼 때도 마찬가지다. 무자식이 상팔자가 현실이 되어가는 요즘, 곧 사라질 것이 분명해지는 서글픈 풍습이다.

제물 1

지역마다 제사에 꼭 올렸던 음식이 있다. 이를 '제물'이라고 한다. 우선 동해에서는 문어와 상어가 가운데 자리를 차지했다. 별신굿에도 문어는 필수품이다. 벌교에서는 참꼬막은 기본이고 가리맛을 꼬지로 요리해 올리기도 한다. 서해에서는 조기를 빼놓을 수 없다. 조기는 당산제, 갯제, 고사는 물론이고 명절 음식과 일상 음식으로, 그리고 백반이나 한정식에서도 빼놓을 수 없는 재료다. 출어해서 잡은 조기 중에 가장 큰 조기를 조상에게 올리는 '조구심리'도 있다. 그러면 제주에서는 무엇을 올릴까? 말할 것도 없이 옥돔이다. 제주 만신의 근본이라는 송당 본향당에도, 마라도 애기업개당에도 옥돔이 올라야 한다. 하물며 집안의 제사야 말해 뭣하랴.

이 모두가 그 바다에서 많이 잡히는 물고기들이다. 죽은 자나 산 자나 입맛이 다르지 않다. 어차피 산 자가 먹을 것 아닌가.

제물 2

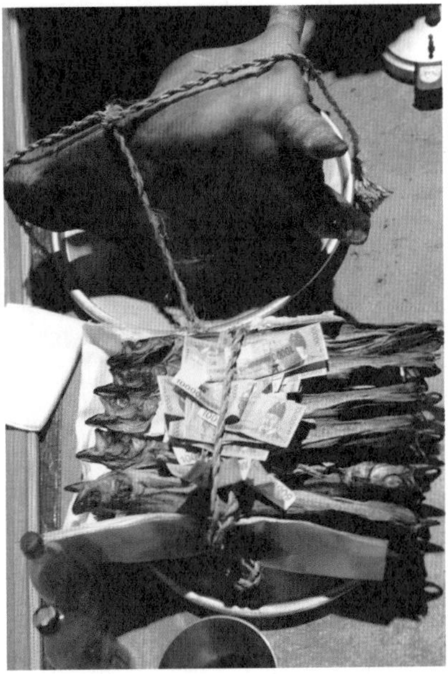

소. 돼지. 닭.
인간에게 이들이 없었다면 어떻게 되었을까. 닭은 학용품을 사야 하는 아이들에게 '황금알을 낳는 거위'였다. 연필이 필요하면 달걀 한 개, 노트가 필요하면 달걀 두 개. 그리고 남은 알은 골망태에 모아두면 예쁜 병아리로 변신했다. 돼지는 어떤가. 고모 결혼식부터 할아버지 장례식까지 먹거리를 책임졌다. 소야말로 할 말이 많다. 쟁기질, 써레질, 방아 찧는 일, 무거운 짐을 운반할 때 수레를 끄는 일 등 시골에서는 일꾼 중에 상일꾼이다. 그래서 아버지는 남의 소를 몇 년 키워주고 겨우 송아지 한 마리를 얻어 큼지막한 외양간에 넣어두고는 부자가 된 양 기뻐하셨다.

산 자를 배불리는 가축들이 제물로도 귀하게 쓰였다. 제물 중에 으뜸은 소다. 소는 예부터 큰 잔치가 아니면 잡지 않았다. 농사는 물론 갯밭에서 일할 때도 소가 꼭 필요했기 때문이다. 소를 빌리려면 장정 몇 몫의 품앗이를 해야 했다. 소 한 마리면 자식을 대학에 보냈다. 그러니 예사로이 잡을 수 없었다. 정월 보름에 소를 잡아서 당산제를 지냈다는 말은, 그만큼 마을이 번성했고 컸다는 것을 에둘러 하는 표현이다.

지금도 소를 잡아 마을 제의를 준비하는 곳들이 있다. 전남 완도군의 넙도, 충남의 황도, 외연도 등이 그렇다. 넙도는 마을 주민들이 제의를 준비하고, 황도와 외연도는 아예 민속문화재로 지정해 유지하고 있다. 넙도는 과거에 김 양식을 많이 했고 지금은 전복 양식으로 바꿔 수익이 좋은 부자 섬이다. 살림이 넉넉지 않고 마을 제의도 예전 같지 않은 곳에서는 소를 잡는 대신 시장에서 소머리나 소고기를 사다가 제물로 올리고, 돼지를 잡던 것도 돼지머리나 돼지고기로 대신하고 있다.

선주회

소지

"자식들 건강하게 해주시고,
상풀◆ 바지락 우리 마을로
많이 가져다주시고,
고기도 많이 잡게 해주십시오."

격식을 갖춘 의례는 아니지만 정성만큼은 견줄 데가 없다. 어머니 마음이야 언제나 자식들 건강이 먼저이고 자신들 먹고살 궁리는 그 다음이다. 마을 앞바다에 화력발전소가 만들어지면서 김 양식은 더 이상 어렵게 되었다. 갯밭에 바지락 농사라도 할 수 있어서 얼마나 다행인가. 그래서 아버지들이 뒷짐을 지고 있을 때 어머니들이 징, 꽹과리, 북, 장고를 챙겨 들고 작은 풍어제를 시작했다. 집안 제의만 아니라 마을 제의에서도 마지막에는 기원과 함께 소지를 행한다.

소지란 제례가 끝난 후 흰 한지를 태우는 것이다. 이는 세속을 성소로 바꾸고, 신의 주목을 끌어 소원을 듣게 하는 놀라운 힘을 가졌다고 한다. 사람만이 아니라 소와 돼지 등 가축의 번식을 기원하는 '우마소지'도 있다. 유교식 제의에서도 축문이나 제문을 읽고 나서 소지를 행하기도 한다. 이때 한지는 어머니 가슴에서 나오는 자식을 위한 백지수표다. 비나리는 그저 일부일 뿐이다.

◆
충청남도 안면도와 원산도 사이에 있는 모래갯벌로 바지락이 산란하기 좋은 곳이다.

솟대

인간의 힘으로 어찌할 수 없을 때 신앙의 힘을 빌린다. 바다의 뭇 생명들과 어민들의 삶의 터전인 갯벌을 막아 땅을 넓히려는 간척 사업이 대대적으로 추진되자 주민들은 갯벌에 솟대를 세우고 향나무를 묻었다. 바다만큼 솟대를 세우기에 적절한 곳이 있을까. 뭍은 대부분 탐욕의 장소로 바뀌었고 마을 어귀는 어디가 어디인지 알 수 없게 파헤쳐졌으니 하늘에서 내려온 신마저 어디에 앉아야 할지 모를 형편이다.

솟대는 나무 장대 위에 새를 앉혀 세운다. 마을로 들어오는 잡귀와 액을 막고 마을의 안녕과 풍년을 기원하는 의미이다. 또한 고대 사람들은 새가 곡식의 씨앗을 물어다주고 죽은 이의 영혼을 천상으로 인도한다고 믿었다. 지역에 따라 짐대, 짐대백이, 진또배기, 소주, 소줏대, 솔대, 수살대, 화주대, 표줏대, 별신대, 수구막이대, 당산 등으로 부른다. 삼한시대에 신을 모시는 성역인 '소도'에서 비롯되어 죄인도 그 안으로 들어오면 잡아가지 못할 만큼 성스러운 곳으로 여겼다. 지구를 훼손한 죄를 범한 인간이 의지하고 치유할 곳도 그곳이다.

문신

울릉도에 가기 위해 강원도 삼척에 머물 때다. 저녁을 먹기 위해 삼척시장을 어슬렁거리다가 고둥을 삶아서 까고 있는 어머니를 만났다. 소주 한 잔 할 생각으로 만 원을 드리자 건네주는 봉지가 묵직했다. 가게를 나서려고 고개를 들 때 연필 길이만큼 자른 11개의 엄나무 한 다발이 문 위에 걸려 있는 것이 눈에 띄었다. 그뿐 아니다. 옆으로 고개를 돌리니 코뚜레도 걸려 있었다. 어릴 때 지리산 산골마을에 살던 나로서는 곧잘 보던 물건들이라 반가웠다.

옛날에는 새로 이사한 집에서 터주(지신)가 심술을 부려 집안에 나쁜 일이 생기지 않도록 문지방에 코뚜레를 걸어두는 풍습이 있었다. 특히 힘이 센 황소의 코뚜레가 좋다고 했다. 사람들은 소가 집터를 지키는 상징동물이라고 믿었다. 문간에 엄나무 가지를 매달아두면 잡귀잡신들이 들어오려다 날카로운 가시에 찔려서 도망간다는 속설도 있었다. 중국에서는 아이를 낳으면 방문에 가시나무를 걸어 잡귀나 역병이 집안에 들어오는 것을 막았고, 무당들도 가시나무 가지로 귀신을 쫓았다. 한편 경기도 안산시 대부도에서는 엄나무와 함께 정월 초순에 범게를 구해 문지방에 걸어두는 풍습이 있었는데, 범게의 생김새가 호랑이 같은데다 등껍질이 날카로웠기 때문이다.

대문으로 들락거리는 잡귀나 부정 등의 액살을 막고 복을 들이는 구실을 한다는 이런 물건들을 '문신'이라고 한다. 문간신, 무전신, 수문신, 문장군, 문간대감이라고도 부른다. 제주도 올레 입구에 굵은 나무 막대기 세 개를 걸쳐놓은 것을 정낭 혹은 정살이라고 부르는데, 이 역시 문신에 해당하는 '정살지신'이다. 집안에서 굿을 할 때 '문전본풀이'를 하는 것은 집안의 으뜸 신으로 문신을 불러내는 의식이다. 사찰 입구를 지날 때 볼 수 있는, 눈을 부릅뜨고 비파 등의 악기를 들고 있는 사천왕 그림이나 조각상 역시 문신의 일종이다.

한편 문신으로 부적 같은 그림을 그려서 대문 앞에 붙이기도 한다. 옛 신라인들은 벽사의 의미로 처용의 그림을 붙였다. 경기도와 충청도에서는 대문이 대부분 남쪽을 향하고 있어 문신을 '남해대장군'이라 부른다. 이밖에도 땅에는 지신, 부엌에 조왕신, 집안에 조상신 등, 섬사람들은 눈에 보이든 보이지 않든 많은 신을 모시고 산다.

북어와 부적

엄나무 다발

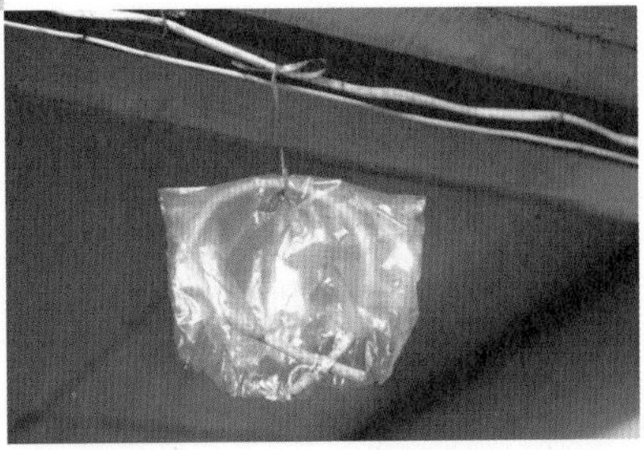

코뚜레

씻김굿

망자의 옷을 돗자리와 함께 둘둘 말아서 몸통을 만든다. 그 위에 넋과 쌀을 넣은 밥그릇을 올리고 솥뚜껑을 덮는다. 죽은 자의 신체와 머리가 완성되면 무녀는 춤과 노래로 망자의 한을 푼다. 빗자루에 물(물, 쑥물, 향물 순으로)을 묻혀서 부정을 씻어내 저승으로 보낸다. 그 옆에서 어깨를 들썩이며 우는 망자의 가족들의 모습이 마치 악사의 아쟁소리에 맞춰 춤을 추는 듯하다. 씻김은 사실 망자보다 산 자와 문상객들을 위한 굿판이다.

씻김굿은 망자의 죽음 이후에 세습무가들이 단골판을 이루고 행하는 천도굿이다. 전라남도 지역에서는 진도, 신안, 영광, 해남, 순천, 화순에서, 전라북도에서는 군산, 정읍, 전주, 순창에서 단골판이 형성되었다. 경상도의 오구굿, 경기도의 지노귀굿, 제주도의 시왕맞이, 평안도의 수왕굿, 함경도의 망묵이굿이 전라도의 씻김굿과 유사하다. 망자의 관 앞에서 행하는 씻김은 곽머리씻김이라 하고, 1년이나 얼마간 지난 후에 하는 씻김은 마른씻김이라 한다.

넋이로세 넋이로세
넋인줄 몰랐더니 오늘보니 넋이로세
신이로세 신이로세
신인줄 몰랐더니 오늘보니 신이로세

그 어떤 위로로도 황망하게 이승과 단절한 망자와 남은 가족들의 충격을 대신할 수 없다. 춤과 노래로 그 한을 풀어내는 것은 동서고금을 막론하고 다르지 않은 것 같다. 씻김굿의 백미는 '넋올리기'다. 망자의 맺힌 한이 풀어졌는가를 확인하는 의식이다. 망자가 저승으로 가지 못하게 얽매고 있는 원한을 산 자들이 춤과 노래로 달래는 고풀이, 영돈말이, 이슬털기를 통해서 씻김을 한다. 끝없는 탐욕과 노여움과 어리석음이 지은 원한을 벗기는 작업이다. 죽은 자는 죽음을, 산 자는 삶을 이겨내는 자리다.

초분

완도군 청산면 읍리의 구불구불한 논두렁이 내려다보이는 산밭에서 흰 소복을 입은 어머니가 눈물을 훔치며 초분 앞에서 자리를 뜨지 못하고 있다. 자식들은 벌써 밭을 빠져나가 차에 오르고 있지만 그녀는 용마름을 어루만질 뿐이다. 작년에 시어머니를 초분으로 모시고 무엇이 급하다고 저리 급히 따라가는지 야속하기만 하다. 효자 남편을 둔 아내는 외롭다더니 이제 실감이 난다. "여보, 내일 또 오리다." 망자의 아내는 천근만근 무거운 발걸음을 옮긴다. 아직 땅에 묻지 않았으니 얼마나 다행인가. 저승이 아니라 이승이 아닌가. 서운한 마음이야 달랠 길이 없지만 아직도 곁에 있는 사람이라 생각하니 작은 위로가 된다.

초분은 관을 돌이나 통나무 위에 얹어놓고 이엉과 용마름으로 덮어놓은 임시 무덤이다. 초빈, 빈소, 출분 등 다양한 이름으로 부르다가 초분(草墳)으로 굳어졌다. 초분을 하고 보통 3~4년이 지난 후 뼈를 수습해서 땅에 묻는데, 이를 원장 혹은 본장이라고 한다. 그리고 두 번 장례를 모신다고 해서, 이러한 장례 풍습을 복장제 혹은 이중장제라고 한다.

조선 말기까지는 전국적으로 초분을 많이 행했지만 일제강점기에 위생법을 제정한 후 공동묘지 조성과 화장을 권장하면서 많이 사라졌다. 당시 충남 내포에서 의병이 초분에 은신해 있다가 일본 병사를 급습하는 일이 있었고, 이에 일제가 북망산의 초분을 일제히 매장토록 지시했다는 보도가 있었다. 그 후 1970년대 새마을 운동 때 초분을 금지시키면서 급속하게 사라졌다.

최근까지 초분을 하는 풍습이 남아 있는 곳은 잘 알려진 청산도 외에 여수 금오도, 신안 도초도, 비금도, 송이도 정도다. 2000년대 초반까지는 전라도와 충청도의 여러 섬에서 초분이 발견되었지만 최근까지 초분을 하고 매장하는 풍습은 청산도에서만 확인되었다. 그렇다고 모든 죽음에 초분을 하는 것은 아니다. 정월이나 윤달에 사람이 죽어 지신이 노하기 때문에 땅을 다룰 수 없을 때, 자식이 먼저 죽은 경우, 객사를 한 경우, 부부 합장을 위해, 생 송장을 선산에 묻지 못하기 때문에, 후손이 다른 지역에 나가 있는 경우, 산 자와 죽은 자의 운이 맞지 않을 때 등에 한다. 특이하게는 처음에 매장을 했다가 자손들에게 우환이 이어져 파묘한 후 유골을 수습해서 다시 초분을 하는 경우도 있다. 송이도의 '앉은초분'이 그렇다. 유골만 모아 초분을 만들다 보니 일반 초분과 모양이 다르다.

송이도 앉은초분

옛날에는 집안의 마루 밑이나 대청 혹은 빈터에 막을 지어 관을 모시기도 했다. 심지어 방안 구석에 관을 안치해두고 매일 문안인사를 올리고 세끼 밥상을 차렸다. 꼭 산 사람을 모시는 것과 같았다. 요즘은 밭이나 집 가까운 곳에 초분을 만들고 명절에 성묘를 한다. 그 표시로 솔가지를 꺾어서 꽂아놓는다. 그리고 매년 묘지에 벌초를 하듯이 이엉과 용마름을 엮어 새로 옷을 입혔다.

세월호

바다는 인간의 영역이 아니다. 그래서 섬사람들은 매년 정월이면 용왕제를 지내고 갯제를 지냈다. 정성을 다해 음식을 준비해서 풍어와 안전을 기원했다. 그렇다고 어민들이 신에게만 의지했던 것은 아니다. 출어에 앞서 배를 점검하는 일도 소홀히 하지 않았다. 무엇보다 날씨를 예측하는 데 심혈을 기울였다. 별과 달과 하늘, 새와 개미 등 작은 생물의 움직임까지 살펴서 날씨를 예측했다. 훌륭한 선장은 사흘 날씨는 예측할 줄 알아야 했다. 어민들은 과학이 아니라 경험을 믿었다. 스마트폰 하나로 모든 일을 할 수 있을 만큼 과학이 발달한 세상에서 경험을 논하는 것은 부질없는 짓일까? 첨단의 상징으로 일컬어지는 기기로 아이들의 '사랑한다'는 메시지를 받고도 어떤 답을 줄 수 없었다. 그래서 더 슬프다.

아이들의 목숨을 앗아간 바다는 거칠지만 진도곽이라는 명품 미역을 공급해주는 소중한 곳이다. 그뿐 아니다. 암초가 많고 해초가 잘 자라니 물고기들에게도 이보다 좋은 산란장이 없다. 낚시꾼들이 끊이질 않는 것도 좋은 환경과 무관하지 않다. 그곳에 300여 명의 채 피지 못한 꽃들이 잠들었다. 바다를 잘 알지 못하고, 그 가치를 이해하지 못하고, 어민과 어업의 소중함을 모르고, 오직 과학과 개발이라는 잣대로 바다와 섬을 이용하기만 했던 결과다. 그들을 사지로 몰아넣은 기성세대의 한 사람으로써 진심으로 아이들에게 사죄한다. 이제 선생님 말 잘 들어라, 부모님 말 잘 들어라, 힘주어 말할 염치가 없다. 부디 입시도, 경쟁도, 야간자습도 없는 세상에 다시 태어나렴. 미안하다, 아이들아.

사진 목록

part1 섬 · 사람

p14 인천 옹진군 무의도. 2014. 3.
p15 전남 완도군 청산면 소모도. 2013. 3.
p16 (상) 전남 진도군 의신면 모도. 2013. 12.
(하좌) 전남 진도군 조도면 눌옥도. 2011. 4.
(하우) 전남 여수시 소라면 복산리 2005. 2.
p17 전남 완도군 군외면 동화도. 2012. 11.
p19 전남 진도군 조도면 옥도. 2011. 4.
p20-21 충남 서산시 팔봉면 구도항. 2013. 11.
p22 제주도 제주시 한림읍. 2016. 3.
p23 전남 여수시 화정면 적금도. 2010. 10.
p24-25 전남 함평군 돌머리 갯벌. 2003. 12.
p26 전남 보성군 회천면 득량 갯벌. 2006. 8.
p27 전남 영광군 낙월면 횡도. 2003. 6.
p29 전남 신안군 암태면 암태도. 2005. 12.
p30 제주도 가파도. 2013. 4.
p31 전남 신안군 흑산면 만재도. 2011. 4.
p32 전남 완도군 군외면 사후도. 2012. 9.
p33 전남 여수시 화정면 낭도. 2015. 5.
p34 경남 남해군 상주면 앵강만. 2015. 10.
p35 인천 옹진군 덕적면 울도. 2014. 5.
p36-37 전남 진도군 조도면 혈도. 2015. 5.
p38 전남 무안군 청계면 구로리. 2004. 9.
p39 전남 신안군 하의면 옥도. 2011. 5.
p40 전남 진도군 조도면 가사도. 2008. 3.
p41 전남 고흥군 금산면 연홍도. 2005. 5.
p42 (상) 전북 부안군 계화면 계화리. 2003. 8.
(하) 전남 부안군 진서면 곰소염전. 2007. 5.
p43 인천 옹진군 덕적면 소야도. 2006. 3.
p44-45 전남 함평군 돌머리. 2003. 12.
p46 (좌) 전남 함평군 돌머리/ 2003.12.
(우) 경북 포항시 영일만. 2006. 12.
p47 전남 완도군 완도읍 석장리. 2012. 10.
p48 전남 완도군 금일읍 충도. 2013. 3.
p49 전남 신안군 장산면 마진도. 2011. 5.
p50 전남 여수시 돌산읍 송도. 2011. 9.
p51 인천 옹진군 덕적도. 2014. 5.
p52 (좌부터) 제주도 제주시 애월읍 신엄리. 2016. 3.
전남 여수시 삼산면 손죽리 평도. 2011.11.
인천 옹진군 덕적면 백아도. 2014. 5.
p53 인천 옹진군 덕적면 백아도. 2014. 5.
p54 전남 신안군 신의면 평사도. 2011. 5.
p55 전남 신안군 흑산면 만재도. 2011. 4.
p56 전남 신안군 흑산면 영산도. 2013. 4.
p57 전남 여수시 경호동 소경도. 2011. 9.
p58-59 경남 통영시 한산면 매물도. 2007. 10.
p61 전남 신안군 지도읍 태천리. 2006. 7.
p62-63 경남 통영시 욕지면 욕지도. 2009. 7.

part2 섬 · 살림

p66 전남 무안군 망운면 송현리 조금나루. 2010. 4.
p67 인천 옹진군 대청면 소청도. 2014. 10.
p68 인천 시흥시 월곶동 월곶포구. 2008. 5.
p69 (좌) 경남 통영시 욕지면 두미도. 2006. 3.
(우) 경남 통영시 사량면 사량도. 2010. 7.
p70 (상) 전남 여수시 남면 두라도. 2011. 8.
(하) 전남 여수시 화정면 낭도. 2015. 8.
p71 전남 무안군 청계면 구로리. 2003. 10.
p72 경남 통영시 욕지면 두미도. 2015. 4.
p73 (상) 전남 진도군 조도면 서거차도. 2011. 4.
(하) 전남 여수시 화정면 추도. 2007. 2.
p74-75 전남 여수시 화정면 추도. 2007. 2.
p76 (상) 인천 옹진군 덕적면 덕적도. 2010. 10.
(하) 전남 고흥군 금산면 연홍도. 2014. 3.
p77 전남 여수시 화정면 하화도. 2011. 8.
p78 (상) 인천 옹진군 자월면 승봉도. 2014. 3.
(하) 전남 신안군 장산면 장산도. 2009. 2.
p79 인천 옹진군 덕적면 소야도. 2014. 5.
p80 전남 진도군 조도면 청등도. 2003. 6.
p81 (상) 제주도 제주시 조천읍 신천리. 2016. 3.
(하) 경남 사천시 마도동 신도. 2015. 11.
p83 전남 통영시 욕지면 욕지도. 2009. 7.

p84-85 인천 옹진군 자월면 자월도. 2014. 3.
p86 전남 신안군 안좌면 박지도. 2015. 5.
p87 경남 남해군 남면 설흘리(다랭이마을). 2006. 8.
p89 전남 진도군 조도면 관매도. 2015. 4.
p90 제주도 서귀포시 우도. 2006. 10.
p91 전남 진도군 조도면 곽도. 2011. 4.
p93 (상) 전남 보성군 과역면 내로마을. 2004. 1.
(중) 전남 해남군 화원면 후산리. 2011. 12.
(하) 전남 진도군 조도면 내병도. 2011. 4.
p94 전남 신안군 압해읍 압해도. 2009. 3.
p95 (좌상) 전남 무안군 무안읍. 2004.10.
(좌하) 전남 무안군 지도읍 봉리 장그지. 2010. 8.
(우상) 전남 신안군 압해읍 압해도. 2009. 3.
(우하) 충남 홍성군 서부면 남당리. 2014. 10.
p96 전북 부안군 계화면 계화도. 2006. 1.
p97 전북 부안군 계화면 계화도. 2004. 10.
p98 전남 함평군 함평읍 돌머리. 2003. 12.
p99 (상좌) 전남 함평군 함평읍 돌머리. 2003. 12.
(상우) 전남 해남군 화양면 매월리. 2003. 5.
(중좌) 전남 완도군 금당면 금당도. 2009. 4.
(중우) 경남 통영시 욕지면 수우도. 2016. 03.
(하좌) 전남 완도군 고금면 고금도. 2015. 12.
(하우) 경남 하동군 진교면 술상리 방아섬. 2016. 3.
p100 전남 보성군 벌교읍 장도. 2010, 12.
p101 전남 보성군 과역면 내로. 2004. 1.
p103 전남 보성군 벌교읍 장도. 2010. 12.
p105 (상) 경남 남해군 지족해협. 2005. 9.
(하) 경남 사천시 신수도. 2014. 4.
p106 전남 완도군 소안면 소안도. 2008. 7.
p107 제주도 제주시 조천읍 신천리. 2016. 3.
p108 전남 완도군 금일읍 황제도 바다. 2013. 5.
p109 (상좌) 전남 진도군 서망항. 2006. 7.
(상우) 전남 완도군 청산면 청산도. 2006. 2.
(중좌) 경북 포항시 구룡포읍 구룡포. 2014. 11.
(중우) 경남 통영시 욕지면 수우도. 2016. 3.
(하좌) 경남 통영시 욕지면 추도. 2014. 2.
(하우) 전남 신안군 하의면 옥도. 2011. 5
p110-111 충남 보령시 오천면 호도. 2007. 10.
p113 (상) 전남 여수시 삼산면 거문도. 2009. 2.
(하) 제주도 조천읍 북촌리. 2016. 3.
p115 (상) 경북 포항시 북구 흥해읍 칠포. 2006. 12.
(하좌) 제주도 제주시 한림읍. 2016. 3.
(하우) 국립제주대학교 박물관. 2005. 4.
p117 (상) 제주도 서귀포시 성산읍. 2007. 11.
(하좌) 제주도 제주시 구좌읍 하도리. 2006. 10.
(하우) 제주도 제주시 구좌읍 우도. 2007. 12.
p119 (상좌) 전남 신안군 증도. 2010. 7.
(상우) 충남 태안군. 2010. 5.
(중) 전남 신안군 증도. 2010. 1.
(하) 제주도 제주시 애월읍 구엄리. 2016. 3.
p120-121 전남 영광군 백수읍 백수염전. 2008. 5.
p122 전남 신안군 흑산면 홍도. 2007. 10.
p123 (상) 경남 고성군 하일면 자란도. 2016. 3.
(하) 전남 고흥군 포두면 남성리 갯벌. 2006. 1.
p125 전남 진도군 의신면 접도. 2010. 11.

part3 섬 · 일

p129 전남 진도군 조도면 곽도. 2013. 8.
p130 (상좌) 경북 경주시 감포읍 감포리. 2015. 11.
(상우) 전남 진도군 조도면 독거도. 2013. 6.
(하좌) 전남 진도군 조도면 맹골도. 2013. 8.
(하우) 전남 진도군 조도면 곽도. 2013. 8.
p131 (상좌) 전남 진도군 조도면 독거도. 2013. 6.
(상우) 전남 신안군 흑산면 영산도. 2013. 9.
(하좌) 전남 진도군 조도면 독거도. 2013. 6.
(하우) 경북 경주시 감포읍 감포리. 2015. 11.
p132-133 전남 신안군 흑산면 영산도. 2013. 9.
p135 전남 무안군 운남면 성내리 갯벌. 2011. 2.
p136 전남 완도군 청산면 청산도. 2006. 2.
p137 전남 해남군 송지면 어란리 만호바다. 2006. 10.
p138-139 전남 완도군 신지면 신지도. 2012. 2.
p140 전남 장흥군 회진면 덕도. 2005. 1.
p141 (상) 전남 완도군 고금면 고금도. 2015. 12.
(하) 전남 장흥군 회진면 덕도. 2005. 1.
p142 전남 신안군 흑산면 가거도. 2009. 4.

p143 경북 포항시 구룡포읍. 2006. 8.
p144 충남 태안군 소원면 의항리. 2004. 11.
p145 (상) 인천 옹진군 북면 장봉도. 2010. 5.
(하좌) 전북 부안군 계화면 계화도 갯벌. 2005. 7.
(하우) 인천 옹진군 북면 장봉도. 2010. 5.
p146-147 인천 옹진군 북면 장봉도. 2010. 5.
p149 경기도 시흥시 정왕동 오이도. 2006. 7.
p151 전북 고창군 심원면 하전리. 2006. 8.
p152 (좌) 전남 보성군 벌교읍 대포리. 2004. 8.
(우) 전북 김제시 광활면 창제리. 2003. 5.
p153 (좌) 전남 보성군 벌교읍 장도. 2010. 12.
(우) 전남 보성군 벌교시장. 2009. 10.
p154-155 전남 여수시 소라면 달천도. 2010. 11.
p156 전남 순천시 별량면 화포 갯벌. 2002. 2.
p157 인천 옹진군 영흥면 선재도. 2007. 2.
p158 (좌) 전남 신안군 신의면 신의도 바람구미 갯벌. 2006. 10.
(우) 전남 여수시 남면 소리도. 2007. 6.
p159 (상) 전남 무안군 청계면 구로리. 2009. 5.
(하좌) 전남 무안군 청계면 복길리. 2005. 10.
(하우) 전남 해남군 북평면 영전리. 2004. 12.
p161 전남 신안군 지도읍 봉리 장그지 갯벌. 2006. 8.
p162 전남 보성군 회천면 전일리. 2006. 8.
p163 전남 영광군 백수읍 하사리 백수염전. 2008. 5.
p164 전북 부안군 변산면 대항리. 2005. 8.
p165 일본 큐슈 사가현 나나우라해변. 2011. 7.
p166 전북 부안군 변산면 격포리. 2013. 11.
p167 전북 군산시 옥도면 개야도 바다. 2008. 4.
p168-169 경남 거제시 일운면 지세포리. 2014. 11.
p170 전남 신안군 흑산면 홍도. 2007. 10.
p171 경북 포항시 남구 구룡포읍 구룡포리. 2006. 8.
p172-173 제주도 서귀포시 안덕면 화순리. 2013. 4.
p175 (상) 인천 강화군 서도면 주문도와 석모도 사이 바다. 2015. 9.
(중) 전남 영광군 낙월면 칠산바다. 2003. 6.
(하) 전남 신안군 임자면 임자도. 2005. 3.
p176 부산 강서구 천성동 가덕도. 2011. 4.
p177 (상) 부산 강서구 천성동 가덕도. 2011. 4.
(하) 인천 강화군 서도면 볼음도. 2015. 9.
p178-179 (상) 전남 광양시 진월면 배알도 앞바다. 2008. 8.
(하) 전남 광양시 진월면 망덕리 망덕포구. 2008. 8.
p180-181 전남 고흥군 도양읍 하화도. 2011. 11.
p182 제주도 한림읍 협재리 비양도. 2013. 4.
p183 전남 진도군 의신면 접도. 2010. 11.

part 4 섬 · 삼시세끼

p186 전남 영광군 염산면 설도. 2007. 11.
p187 (상) 경기도 김포시 대곶면 대명리. 2014. 3.
(중) 강원도 강릉시 주문진읍 주문진수산시장. 2013. 12.
(하) 경남 통영시 중앙시장. 2012. 12.
p189 전남 영광군 염산면 설도. 2013. 10.
p190 경남 거제시 장목면 외포리. 2006. 12.
p191 (상) 강원도 고성군 거진항. 2013. 12.
(하) 강원도 강릉시 주문진수산시장. 2013. 12.
p192 (좌) 전남 보성군 벌교읍 벌교시장. 2008. 2.
p192 전남 무안군 무안읍 무안시장. 2011. 1.
p194 (상) 전남 목포시 온금동. 2013. 7.
(하) 전남 진도군 조도면 관매도. 2015. 4.
p195 전남 진도군 조도면 관매도. 2015. 4.
p196-197 전남 신안군 도초면 우이도. 2013. 11.
p198 제주도 제주시 용담동. 2016. 4.
p199 전남 진도군 진도읍 성내리. 2013. 6.
p200 충남 태안군 태안읍. 2013. 11.
p201 (상) 전남 여수시 남면 안도. 2014. 10.
(하) 경남 통영시 욕지면 욕지도. 2009. 7.
p202-203 전남 진도군 조도면 맹골도. 2013. 8.
p204 전남 완도군 금일읍 우도. 2013. 4.
p205 인천 옹진군 덕적면 굴업도. 2014. 5.
p206-207 전남 신안군 흑산면 하태도. 2012. 3.
p208 전남 무안군 무안읍 성남리. 2011. 1.
p209 전남 무안군 망운면 탄도. 2010. 7.
p210-211 전남 보성군 벌교읍 장도. 2015. 12.
p213 전남 신안군 지도읍. 2005. 7.
p215 (상하) 경남 통영시 욕지면 두미도. 2015. 4.

(중) 강원도 속초시 중앙동 속초수산시장. 2013. 12.
p216-217 전남 신안군 흑산면 진리. 2007. 10.
p219 (상) 경북 포항시 호미곶면 대보리. 2014. 11.
(중하) 경북 포항시 구룡포읍 삼정리. 2006. 12.
p220-221 경북 포항시 호미곶면 대보리. 2014. 11.
p222-223 경남 통영시 산양읍 추도. 2013. 1.
p224 경남 통영시 중앙동 중앙시장. 2016. 1.
p225 경남 통영시 정동. 2016. 01.
p227 (상) 전남 여수시 신월동. 2013. 12.
(하) 전남 여수시 학동. 2013. 12.
p228 강원도 강릉시 주문진수산시장. 2013. 12.
p229 (상) 강원도 속초시 속초수산시장. 2013. 12.
(하좌우) 강원도 삼척시. 2013. 12.
p230 전남 완도군 청산면 청산도. 2013. 9.
p231 전남 여수시 삼산면 거문도. 2015. 2.
p232 부산 기장군 기장읍 대변항. 2014. 4.
p233 (상) 전남 목포시 금화동 목포수산물공판장. 2013. 9.
(중하) 전남 목포시 상동. 2013. 9.
p234 부산 기장군 기장읍 대변항. 2014. 4.
p235 (상) 경남 남해군 미조면 미조리. 2014. 4.
(하) 부산 기장군 기장읍 대변항. 2014. 4.
p236 (좌) 전남 장흥군 안양면 수문리. 2014. 3.
(우) 전남 고흥군 동일면 내나로도. 2006. 01.
p237 전남 강진군 도암면 가우도. 2015. 4.
p238 전북 부안군 진서면 곰소만. 2013. 11.
p239 전남 신안군 증도면 화도. 2011. 12.
p240 (상중) 전남 신안군 증도면 화도. 2011. 12.
(하) 전남 순천시 대대동 대대포. 2002. 1.
p241 인천 중구 무의동 무의도. 2014. 3.
p242 경기도 안산시 단원구 풍도. 2014. 4.
p243 인천 옹진군 덕적도. 2006. 3.
p245 전남 장흥군 회진면 덕도. 2005. 1.
p247 (상) 전남 영광군 염산면 설도. 2004. 12.
(중) 경남 남해군 미조면 미조리. 2014. 4.
(하) 제주도 제주시 구좌읍 월정리. 2016. 3.

part 5 섬 · 풍습

p250 전남 완도군 노화읍 노화도. 2008. 12.
p252-253 전남 고흥군 금산면 연홍도. 2015. 5.
p255 전남 여수시 율촌면 장도(율촌산단내). 2011. 9.
p257 전남 여수시 돌산읍 대리. 2010. 2.
p258 제주도 제주시 조천읍 신흥리. 2016. 3.
p259 제주도 한림읍 협재리 비양도. 2013. 4.
p260 전남 영광군 군내면 설매리. 2003. 7.
p261 전남 해남군 북평면 평암리. 2012. 11.
p262 경남 통영시 욕지면 두미도. 2006. 3.
p263 전남 신안군 도초면 우이도. 2007. 9.
p264-265 전남 신안군 암태면 송곡리. 2006. 3.
p267 전남 진도군 조도면 독거도. 2013. 6.
p268-269 전남 무안군 현경면 월두리. 2007. 3.
p271 제주도 제주시 구좌읍 송당리. 2014. 2.
p272 전북 부안군 위도면 대리 앞바다. 2010. 2.
p273 전남 목포시 고하도와 유달산 사이. 2011. 6.
p274-275 전북 부안군 위도면 대리. 2010. 2.
p276 전남 목포시 고하도와 유달산 사이. 2011. 6.
p277 전남 여수시 소라면 사곡리. 2005. 2.
p278-279 부산 기장군 기장읍 대변항. 2013. 2.
p281-282 충남 보령시 오천면 원산도. 2006. 2.
p283 전북 부안군 계화면 계화도 갯벌. 2006. 1.
p284-285 전북 부안군 하서면 해창갯벌. 2003. 8.
p287 (상) 전남 영광군 법성면 진내리. 2006. 6.
(중하) 강원도 삼척시 정라항. 2011. 8.
p288-289 전남 진도군 진도읍. 2007. 11.
p291 (상) 전남 완도군 청산면 읍리. 2015. 2.
(하) 전남 영광군 낙월면 송이도. 2003. 6.
p293 전남 진도군 임회면 연동리. 2014. 11.

섬: 살이

느리고 고유하게
바다의 시간을 살아가는 법

초판 1쇄 발행 2016년 4월 22일

지은이 김준
펴낸이 박희선

디자인 디자인 잔
일러스트 김은비
발행처 도서출판 가지
등록번호 제25100-2013-000094호
주소 서울 서대문구 거북골로 154, 103-1001
전화 070-8959-1513
팩스 070-4332-1513
전자우편 kindsbook@naver.com
블로그 www.kindsbook.blog.me
페이스북 www.facebook.com/kindsbook

ISBN 979-11-86440-05-6 (03380)

* 이 도서의 국립중앙도서관 출판예정도서목록(CIP)은 서지정보유통지원시스템 홈페이지(http://seoji.nl.go.kr)와 국가자료공동목록시스템(http://www.nl.go.kr/kolisnet)에서 이용하실 수 있습니다.(CIP제어번호: CIP2016008912)

《섬:살이》 독자 북펀드에 참여해주신 분들(가나다순)

강문숙 강부원 강석여 강영미 강영애 강은희 강주한 권진희 김기남 김기태 김명중 김병희 김새로미 김성기 김수민 김수영 김숙희 김신애 김예진 김정민 김정환 김주연 김주현 김중기 김진성 김태수 김푸른 김현철 김형수 김혜원 김희곤 나준영 남요안나 노진석 문희정 박나윤 박순배 박연옥 박재휘 박준겸 박진순 박진영 박진영 방세영 서창겸 송덕영 송화미 신민영 신정훈 심만석 안진경 안진영 원성운 원혜령 유성환 유승안 유인환 유지영 이경희 이만길 이성욱 이수정 이수진 이수한 이승빈 이승희 이영일 이지은 이하나 이효경 임원경 장경훈 장영일 전미혜 정담이 정도영 정두현 정민수 정솔이 정영미 정윤희 정율이 정해승 조민희 조승주 조은수 조정우 최영기 최헌영 탁안나 한성구 한승훈 허민선 허지현 현동우 (외 24명, 총 119명 참여)